本书是国家自然科学基金资助研究项目成果

科学基金管理法制研究丛书

丛书主编◎韩　宇　郑永和

日本学术振兴会法律制度研究

董惠江◎著

RIBEN XUESHU
ZHENXINGHUI
FALÜ ZHIDU YANJIU

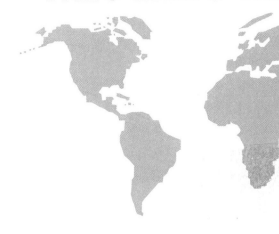

中国社会科学出版社

图书在版编目(CIP)数据

日本学术振兴会法律制度研究 / 董惠江著. —北京：中国社会科学
出版社，2015.1

ISBN 978 - 7 - 5161 - 5776 - 3

Ⅰ.①日… Ⅱ.①董… Ⅲ.①科学研究工作 - 法规 - 研究 - 日本
Ⅳ.①D931.321

中国版本图书馆 CIP 数据核字(2015)第 060736 号

出 版 人	赵剑英
责任编辑	任　明
特约编辑	乔继堂
责任校对	郝阳洋
责任印制	何　艳

出　　版	中国社会科学出版社
社　　址	北京鼓楼西大街甲 158 号 （邮编100720）
网　　址	http://www.csspw.cn
	中文域名：中国社科网　　010 - 64070619
发 行 部	010 - 84083685
门 市 部	010 - 84029450
经　　销	新华书店及其他书店

印刷装订	北京市兴怀印刷厂
版　　次	2015 年 1 月第 1 版
印　　次	2015 年 1 月第 1 次印刷

开　　本	710 × 1000　1/16
印　　张	12.75
插　　页	2
字　　数	203 千字
定　　价	55.00 元

目　　录

自　序

中国改革开放 30 多年，创造了经济发展的奇迹，这与中国科学技术事业的贡献密不可分，更与中国改革开放的总设计师邓小平同志的高瞻远瞩密不可分。1977 年，当邓小平再次复职时，他主动要求分管科技和教育工作。1978 年 3 月 18 日，中国科学界多年来的第一次盛会——全国科学大会在北京人民大会堂开幕。在这次会上，小平同志提出了两个著名的论点：一是科学技术是生产力，10 年后他进一步指出科学技术是第一生产力；二是知识分子是工人阶级的一部分。没有我们贯彻科教兴国、人才强国、可持续发展战略，没有科学技术的有力支撑，国民经济的高速度发展是不可想象的，而现代社会不断推进科技进步和创新，离不开国家和各界的财力支持又是一个基本事实。

尽管我国的科技事业取得了长足的进步，但我国还不是一个科技大国，尽管国家对科学技术事业的投入越来越大，但科学研究的效果并不尽如人意，甚至科研经费的使用、管理存在并且暴露出许多问题。国家投入的科研经费，主要来源于纳税人宝贵的税收，如何使国家有限的科研经费发挥最大效益，必须有一套制度作为保证。我国的科研经费管理的代表性制度是由 2007 年 4 月 1 日国务院颁布施行的《国家自然科学基金条例》，以及国家自然科学基金委颁行的一系列办法构成的。这些制度和 1981 年 11 月由中央财政拨款设立自然科学基金以来既有的资助制度，维护了 30 多年自然科学基金资助经费的发放运行，取得了一批在国内外具有领先水平的研究成果。为了进一步完善科学基金制，提高自然科学基金使用效益，有必要在总结实践经验的基础上，完善自然科学基金制度。基于这样一个构想，国家自然科学基金委立项组织对主要发达国家的科学研究资助制度进行研究，本书是其中的一个部分，是对日本学术振兴会的资助制度的一个研究成果。

我们知道，现代世界上最有力的科学研究支撑是以国家公共财政为基础和后盾的科学研究资助体系，这种资助体系的核心往往是设立各种政府性科学基金组织或机构，在日本，日本学术振兴会就是这样的最有代表性的基金机构。日本学术振兴会已经成立 80 余年，一直是日本科学研究资助的核心机构，它资助的对象包括了人文、社会科学、自然科学的全部领域。2013 年学术振兴会获得的预算额度为 3426 亿日元（以 2013 年 1 月 25 日外汇牌价计约 195 亿元人民币），比 2009 年的 2821 亿日元增加了 605 亿日元。这样庞大的资金使用必须符合日本政府的科技资助政策，即保证最大限度地将资助资金使用到与科研相关的活动中。如果考虑日本已有 8 位科学家获得诺贝尔奖这一事实，除了日本的科研机构、科研体系合理，国家的科学研究战略得当，科研资助活动也功不可没，而科研资助活动的成效靠的是一整套科学的、行之有效的制度，我们这本书就是要把日本学术振兴会的制度比较全面地介绍给读者，以期对这方面的研究提供资料，也对我国科学研究资助法律制度的完善提供有益的参考。

因为本书的内容、体系会在后文的内容简介和导论中述及，此不赘述。书中文字和其他方面都会有些问题存在，敬请批评指正。

董惠江

2013 年 11 月 25 日

导　　论

一　选题的缘起

我们党的四代领导人都十分强调科学技术的重要。

毛泽东在一篇题为《不搞科学技术，生产力无法提高》的文章里就曾指出，"搞上层建筑、搞生产关系的目的就是解放生产力。现在生产关系是改变了，就要提高生产力。不搞科学技术，生产力无法提高"。邓小平同志在他的《中国要发展，离不开科学》一文中更是直接提出"科学技术是第一生产力"。江泽民执政时实施科教兴国的战略，强调"科教兴国，是指全面落实科学技术是第一生产力的思想，坚持教育为本……提高全民族的科技文化素质，把经济建设转到依靠科技进步和提高劳动者素质的轨道上来，加速实现国家繁荣强盛"。胡锦涛在十八大报告中，明确提出要通过实施创新驱动发展战略来推动经济社会的发展。他指出："科技创新是提高社会生产力和综合国力的战略支撑，必须摆在国家发展全局的核心位置。要坚持走中国特色自主创新道路，以全球视野谋划和推动创新，提高原始创新、集成创新和引进消化吸收再创新能力，更加注重协同创新。"

以日本为例，日本作为世界上发达国家的代表，除以良好的教育为基础之外，一直非常重视科学技术事业的发展。日本也因此成为世界上几个科技事业较为发达的国家之一。日本科技事业的发展始终与日本的经济需求密切相关，经历了技术引进、科技立国、科技创新立国三个发展时期。技术引进对应第二次世界大战后至20世纪60年代这一时期，引进世界先进技术，主要通过模仿、消化和改良，迅速使之产业化、产品化。科技立国是在 20 世纪 70 年代，这一时代日本重视科学技术对国家发展的多方面作用，采取了从模仿到创新的科技发展模式。经过前后两个时期的过渡，日本迅速进入科技创新立国的阶段，即 20 世纪 80 年代中后期，当时日本经济陷入停滞期，日本政府因为认识到一个国家自主创新能力的强弱直接决定了这个国家在新时期的经济发展和全面的实力，因而全面反思过去引以为荣的引进、消化、吸收、改进的科技发展模式，提出科技创新立国的新的发展战略，以期实现发展模式的彻底转型，即由一个技术追赶型国家转变为一个科技领先型国家。与之相适应，日本政府除了对科研体系、科研机构进行改革之外，更是加大了对科技事业的投入。20 世纪 70 年代，日本政府的研发投入与德、法、英还相差不多，而 2000 年即远远超出。2000 年以来，日本已有 8 位学者获得诺贝尔奖，充分展示其科技创新立国战略的成效。

纵观近现代世界发展，科技创新能力是国家实力的积累和进步发展的重要因素。一个国家具有较强的科技创新能力，就意味着能在世界产业分工链条中占有有利位置，就能走在世界经济的前列，成为世界经济的引导者。科技创新首先依赖的是人的因素，所以，作为科技创新的最重要的基础条件当然是教育。有了好的教育，具备了科技创新的人的因素，没有物质的支撑，也很难形成创新能力。因为人本身的生存既离不开物质条件，人的科学研究活动更需要强有力的物质支撑。近现代国家的决策者几乎都认识到了这一点，但创新能力的差别就不仅仅是对科研活动投入的多少，还要看这些投入被有效利用的程度，即从发达国家的经验中找到一整套合理的制度使人和物的因素尽量完美结合，实现科技创新的最大化效果。

世界上最强有力的科研支撑是许多国家都已经纷纷建立起的以国家公共财政为基础和后盾的科学研究资助体系，这种资助体系的核心往往是设立各种政府性科学基金组织或机构，如美国的"国家科学基金会"（NSF）、英国的"工程与物理科学研究委员会"（EPSRC）、加拿大的"自然科学与工程研究理事会"（NRC）、"澳大利亚研究理事会"（ARC）、日本的"学术振兴会"（JSPS），也包括中国的"国家自然科学基金委员会"（NSFC），等等。作为官方主导的科学研究资助组织或机构，它们已经成为落实各国国家科技发展战略与创新政策的重要平台，从而在推动科技进步，增进社会福利，促进社会文明进步等方面，发挥着重要作用。在各国科学基金法制领域，存在着许多成功及有效的经验，可以为我国健全和完善相关法律制度体系提供有益的借鉴和启示。

日本政府的科技资助政策一直强调保证最大限度地将资助资金使用到与科研相关的活动中，学术振兴会作为以国家公共财政为基础的最有代表性的基金机构，有一整套科学的资助管理制度，将这些制度介绍给读者，就是本书的目的。

二　日本学术振兴会简况

（一）由来

独立行政法人日本学术振兴会（Japan Society for the Promotion of Science, JSPS, 以下简称为"振兴会"）的前身是利用日本天皇为奖励学术研究活动而赐予文部省大臣的 150 万日元，于 1932 年（昭和 7 年）12 月创建的财团法人日本学术振兴会。此后，该财团法人在 1967 年（昭和 42 年）9 月基于《日本学术振兴会法》而成为特殊法人。该会自 1932 年（昭和 7 年）设立起至 2002 年（平成 15 年）的 70 余年中，一直是日本学术振兴事业的核心机构，并开展了多种多样的学术资助业务活动。2002 年（平成 14 年）为了实现业务的灵活性与高效性，并进一步提高对研究者以及学术研究机构的资助、服务水平，该会根据《独立行政法人日本学术振兴会法》［2002 年（平成 14 年）12 月 13 日法律第 159 号，以下简称为《振兴会法》］成为现在的独立行政法人——日本学术振兴会。①

（二）性质及地位

独立行政法人日本学术振兴会是根据《独立行政法人日本学术振兴会法》（"独立行政法人日本学術振興会法"，前已简称《振兴会法》）的

---

① http://www.jsps.go.jp/aboutus/index2.html，阅览日：2011 年 4 月 2 日。

规定，于 2003 年（平成 15 年）10 月 1 日由特殊法人日本学术振兴会改组成为现在的独立行政法人①。所谓独立行政法人是指出于国民生活以及社会经济安定等公共利益的考虑，对于确有必要实施的事务以及事业，国家没有自己作为主体实施的必要，而委托给民间组织又未必能够切实实施，或者，必须由一个组织垄断实施事务以及事业才能有效果和高效率地达到目标，基于此目的，由本法或个别法的规定而设立的法人。②

而日本学术振兴会设置的目的是通过为培养研究者提供资金，助成学术研究，促进学术上的国际交流，进行有关学术应用的研究等工作，以期达到振兴学术的目的。③ 事实上振兴会确实是承担振兴日本学术事业的核心机构，目前，独立行政法人日本学术振兴会作为日本具有代表性的基金机构，基于公平公正的审查、评价体系，资助以大学为主体的学术研究以及国际交流活动。资助对象包括人文、社会科学、自然科学的全部领域。该会每年通过提供科学研究费资助金、培养研究人员以及国际学术交流等方式，在尊重研究人员的自主性与创造性的前提下，展开了全方位的学术研究辅助工作。其重要性在该会的预算金额上可见一斑，比如 2010 年（平成 22 年）度振兴会获得的预算额高达 1990 亿日元，其中 99.7% 是来自日本政府的运行费交付金以及资助金。④

根据相关材料，日本学术振兴会近年主要工作表现在这样几个方面：

1. 科学研究补助金（科研费）

（1）对课题进行公正、透明的审查及评估，并听取研究人员的意见，满足他们的需求，灵活地做好科研经费的分配工作。为此，近年主要做了引进电子申请审查系统和控制每位审查人员所负责的课题数目两项工作。

（2）在学术系统研究中心建立审查委员数据库，审查委员进行筛选，从专业角度确定最合适的人选，健全审查责任制。

① http：//www.jsps.go.jp/aboutus/index2.html，阅览日：2011 年 10 月 24 日。
② 《独立行政法人通则法》［平成 11 年（1999 年）7 月 16 日法律第 96 号，以下简称称为《通则法》］第 2 条第 1 项。
③ 《振兴会法》第 3 条。
④ http：//www.jsps.go.jp/aboutus/index5.html，阅览日：2011 年 8 月 26 日。

2. 21 世纪 COE 工程，首创"独具魅力的研究生院教育"

（1）对由文部科学省创设的、旨在推进通过发挥竞争机制，建设具有国际竞争力的特色大学即"21 世纪 COE 工程"项目，进行公平公正的评选、审查和评估。

（2）从 2005 年开始，对培养创造性优秀青年研究人员的"独具魅力的研究生院教育"这一制度创新工程进行审查、评估。

3. 培养研究人员

（1）致力于提高特别研究员（SPD、PD、DC）及海外特别研究员的素质。近年的创新工作主要是建立从选拔审查到资助项目结束后追踪反馈的一整套评估机制和引进因生育、哺乳而暂停研究及延长研究期限的制度等。

（2）优化审查专业领域划分，精心选拔审查委员，完善公平公正的审查体制。

4. 国际学术交流

（1）积极推进与欧美各国最高水平的学术研究与交流。

（2）建立研究人员网络，为亚洲的人才培养做贡献。

（3）促进日本学术研究环境的国际化，积极聘请世界优秀研究人员来日工作，特别要大力开展青年研究人员的交流。

（4）设立国际事业委员会，建立结合国际学术动向、国际形势等进行综合考察的审查体制。

5. 表彰

（1）国际生物学奖（表彰具有世界水平的生物学研究人员）。

（2）日本学术振兴会奖（表彰 45 岁以下的优秀青年研究人员）。

6. 促进学术研究的社会性联系与合作

结合产业界的需求和学术界的研发优势，为学术界和产业界的研究人员提供研究交流的平台。

7. 学术研究成果的回馈社会与普及推广

做好各种工作，使儿童、青少年学生深刻理解科学与日常生活的关系及科学对我们的影响，从小培养爱科学、学科学的情趣。

（三）主管部门及内部机构设置

根据《文部科学省设置法》第 4 条第 48 号的规定，有关日本学术振兴的事项归属日本文部科学省管辖，而《振兴会法》第 15 条也明确规定了日本文部科学省为振兴会的主管省。

此外，根据《振兴会法》第 4 条的规定，振兴会的主事务所应设立在日本东京都内。现在振兴会在东京都内实际有两个事务所，一处是位于东京都千代田区 1 番町 8 番地 FS 大厦的 3 至 8 层的一番町事务室，这里集中了管理者办公室、总务部（总务课、企划信息课、会计课、出纳课、研究者培养课）、国际事业部（研究协助第一课、研究协助第二课、人才交流课、地域交流课、海外派遣基金事业课、研究者国际交流中心）、研究事业部（研究促进第一课、研究促进第二课、基金第一课、基金第二课）以及学术体系研究中心等振兴会主要部门的办公室。另一处是位于东京都千代田区麴町 5 － 3 － 1 麴町浅古大厦的麴町事务室，这里主要是研究事业部的研究事业课的办公室。

日本学术振兴会的内部机构设置，可以通过图 1 来表示。

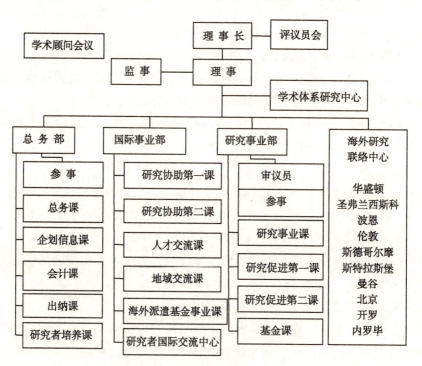

图 1　振兴会管理组织机构图

而且，为了振兴会能够公平、有效地完成其通过援助学术研究、为培养研究者提供资金、促进学术上的国际交流以及进行有关学术应用的研究等工作，以期达到振兴日本学术之目的（《振兴会法》第 3 条），振兴会根据《独立行政法人通则法》（平成 11 年 7 月 16 日法律第 96 号，以下简称为《通则法》）以及《振兴会法》的规定，设置了具有从管理到监督、咨询等职能在内的完整的组织管理体系。

三　日本学术振兴会的法律体系

鉴于振兴会对日本学术发展与建设的重要性，为了确保振兴会运作的有效性与高效性，并使以日本国民税金为财政来源的研究辅助经费能够被更公正、更有效地利用于促进学术研究发展的事业上，日本国会以及日本政府的相关职能部门制定了多部法律法规以及规则，振兴会也制定了多部相关的内部规则。这些法律法规以及规定涉及许多方面，主要包括：振兴会的组织机构、科学伦理、信息公开、学术不端行为以及资助制度等几个方面。

在日本的法律制度中，宪法、法律、命令（包括政令与省令）、地方条例、习惯法、判例法以及条例都具有法律上的效力。有关振兴会的法律制度则主要涉及法律以及命令（包括政令与省令）这两方面。一方面，振兴会作为独立行政法人，与其有关的法律当然以行政法领域的法律为主；另一方面，因为有关振兴会的政令或法令涉及的领域非常广泛，除了振兴会的主管省厅——日本文部科学省外，其他省以及日本内阁府所制定的省令、政令中也有许多振兴会必须遵守的规定。

此外，还有许多虽然不具有法律上的约束力，但具有现实的约束力或者自我约束力的规则。比如后文所提及的《科学者行为规范》以及《贯彻施行科学者行为的自律》等，不具一般意义的法律上的约束力而仅仅是自律性规范。再比如《日本学术会议宪章》规定的义务以及责任，虽然不属于法律规定意义上的义务与责任，但因日本学术组织的存在使其具有事实上的约束力。

同时，振兴会自身为了业务运行的规范化、效率化、透明化以及使有关振兴会的法律法规更具可操作性，也制定许多振兴会内部规程。这些振兴会的内部规程虽然不具有法律上的约束力，但是它除了对振兴会内部的工作人员具有约束作用外，同样对申请或者接受振兴会研究资助的研究者以及其他利用振兴会相关信息的人员具有约束作用。

有关振兴会的法律制度大体由以上所提及的法律、政令、省令、规则以及振兴会的内部规程等几个部分构成。以下针对振兴会事业所涉及的不同的领域，具体地介绍有关的法律制度，以梳理出振兴会法律制度的整体轮廓，为搭建我国科学资助法律制度的合理结构，提供一个基本理论和制度形式的参考。

四　日本学术振兴会法律制度的内容

1. 组织机构及业务运行的法律制度

在组织机构方面的具体制度中，包括机构的设置，管理者的选任、管理者的职权和权限等规定。同时明确评议员会是理事长的咨询机构。学术系统研究中心的主要工作是参与振兴会事业中的审查、评价业务，同时提出各种提案、建议或者对学术振兴方略、学术研究动向调查研究。海外研究联络中心负责日本与各国的学术交流。学术顾问可以从专业角度就振兴会的业务运行提出广泛的意见。

业务运行方面，规定了振兴会的业务范围和违反业务范围的处罚，业务运行的方针和执行方法，还包括学术振兴会为完成工作目标以 3 年以上 5 年以下为期而制定的中期目标与中期计划以及年度计划的制定与审批。同时，振兴会在事业年度结束后一定期限内，以及在中期目标期间结束后一定期限内，必须接受专门的评价委员会的评价与检查。

2. 资助法律制度

日本学术振兴会资助程序法律制度是日本学术振兴会法律制度中非常重要的组成部分。它包括了学术振兴会制度中与我国对应的申请与受理、评审与决定、实施与管理三个阶段。其制度规定主要通过试题和程序两方面来体现，实体规定有资助制度中的基本定义、资助项目的类型、资助应避免的情形、资助金种类和资助期限及资助标准、资助项目的变更、资助项目废止等；程序性规定包括申请、受理、资助金的交付、资助项目实施、研究成果的管理五个方面。

3. 项目的评价法律制度

项目评价制度除规定评价体系的构建、评价工作原则、评价人才的确保、数据库的构建，以及追踪调查等一般事项，还从微观的角度对于各个评价项目进行了全面细致的规定，包括研究开发措施的评价、研究开发课题的评价、研究开发机关的评价等内容，极具操作性。

4. 规制学术不端行为法律制度

规制学术不端行为制度主要包括实体性和程序性两方面的法律规定。实体性规定首先明确了学术不端行为的相关概念和规制学术不端行为的基本态度，以及资助资金的基本流向和使用规则，同时还有对学术不端行为产生原因的分析；程序性规定现行规定检举、调查、认定、通知、申诉这些基本程序，进而规定处理措施，另外还通过组建日本学术会议、制定科学工作者的行为规范，以及通过文部科学省对研究机构的日常监督和学术振兴会自身的监管，预防学术不端行为的发生。

5. 科学伦理法律制度

这些规定涉及非常广泛，包括了克隆技术、遗传基因转化、染色体分析、动物实验等可能出现科学伦理问题的当代研究。所涉及人类研究行为的科学伦理制度，又是其中的重点所在。具体制度主要从关于人类研究行为的法律规定，关于克隆技术的法律规定，关于动物实验研究行为的法律规定三个方面展开。

6. 信息公开法律制度

日本学术振兴会依照《关于公开独立行政法人等保有信息的法律》、《独立行政法人日本学术振兴会法人文书公开决定的基准》等法律，规定了信息公开的原则、程序。由于信息公开涉及自然人和法人的信息保护，所以这些规定实际上是从学术振兴会的信息公开义务和个人信息保护两个方面规定的。具体制度包括了信息公开义务的主体、信息公开的标准、信息公开的方式方法、信息公开的实施、异议申诉、权利协调与保护等。

五　几点说明

1. 本书按照课题的要求，立足于对日本学术振兴会的法律制度原汁原味的介绍，而没有作太多的比较和深入的评价，所以，本书的资料性更突出一些。

2. 由于日语使用汉字的特点，为了反映日本学术振兴会法律制度下的原貌，我们在书中不得不保留了一些直译的词汇，读者需要慢慢体会。

3. 本书书稿完成于 2011 年年底，所使用的资料基本截至 2010 年，而日本学术振兴会的法律制度近两三年会有些局部的变化，笔者将在今后的具体研究中给予反映。

4. 本书的完成，课题组成员范玲副教授负责中文稿的统合，姜荣吉、李桂新、孟庆吉三位老师负责日文翻译工作，陈彦晶副教授协助董惠江教授统稿。另外，陈敏律师、朴顺善律师也协助做了比较繁重的校对工作，在此，对他们辛勤，也是辛苦的劳动表示感谢。

第一章

日本学术振兴会的组织机构及业务运行法律制度

一 组织机构及业务运行的法律依据

1999 年日本制定了适用于全体独立行政法人的《通则法》，振兴会作为独立行政法人①，当然也不例外地需要遵守《通则法》的规定，除非有如《振兴会法》等个别法律作具体的规定，否则有关独立行政法人的组织、运行，以及管理等方面的事项都要适用该法律。② 此后，为了有效并高效率地完成振兴会的使命，日本于 2002 年专门制定了《振兴会法》以对振兴会的目的、业务范围以及组织机构等事项进行规范。此外，《振兴会法》与《通则法》是规范有关振兴会组织机构等最主要的法律。而《文部科学省设置法》中虽也涉及振兴会的条款，但仅仅是规定了有关日本学术振兴会的事项归属日本文部科学省管辖。③ 而振兴会的组成人员的任职资格、奖惩规则和措施等则要按照《国家公务员法》（"国家公务員法"，1947 年（昭和 22 年）10 月 21 日法律第 120 号）的相关规定执行。

（一） 有关振兴会目的与组织机构的法律规定

振兴会为了能够公平、有效地完成其使命，设置了具有从管理到监督、咨询等职能的完整的组织管理体系。在设置振兴会组织管理体系时，主要的法律依据来自于《通则法》与《振兴会法》。

---

① 《振兴会法》第 2 条。
② 《通则法》第 1 条第 2 项。
③ 《文部科学省设置法》（"文部科学省设置法"）第 4 条第 48 号。

《通则法》涉及有关独立行政法人的事项非常广泛，该法第 1 章有关独立行政法人业务的公共性、透明性以及自主性①，独立行政法人的名称、目的、法人资格、事务所所在地财政基础、登记、名称使用限制以及独立行政法人的设立手续等规定②都适用于振兴会。而具体到有关振兴会的名称、目的、事务所所在地、基本金、资本金以及振兴会的名字使用限制等事项，则由《振兴会法》的第 1 章"总则"规范。

有关振兴会的组织机构与人事关系方面，除《振兴会法》第 2 章"管理者与职员"规定的振兴会可以设置的管理职位与各管理职位的人数、职权、任期以及管理人员与职员的地位外，振兴会与其他独立行政法人在管理者的选任、职权与权限、兼任限制等方面共同的事项，则要适用《通则法》第 2 章《管理者与职员》中的相关规定。该章的规定包括独立行政法人共通的管理者设置、职务与权限、任命、任期、解任、代表权的限制、代理人以及职员的选任等事项。同时，在有关振兴会评议员的人事关系上，也有很多适用《通则法》第 2 章规定之处。

此外，振兴会的组织机构上设有由 15 名以内的评议员组成的评议员会，该评议员会是振兴会的咨询机构。有关该评议会的评议员的人员设置数、职务、任期以及选任与解任事项是《振兴会法》第 3 章《评议员会》所规定的内容。

除了由以上两部法律规定的法定机关外，振兴会中还设有学术体系研究中心、海外研究联络中心以及学术顾问会议等为了达成振兴会以及日本政府的有关学术振兴的目的而自行设立的其他部门。比如，学术体系研究中心就是振兴会于 2003 年（平成 15 年）7 月，根据同年 4 月日本综合科学技术会议公布的《竞争性研究资金制度改革意见》["競争的研究資金制度改革について（意見）"]，为发挥竞争性研究资金的最大功效，以确立严格并高度透明的评价体系而设置的内部机构③。

为了确保振兴会能够公正、确实地完成其使命，振兴会不仅需要设置完善的组织管理体系，还需要并且已经建立了有关振兴会业务范围、业务执行以及业务成绩评价等事项的完善的业务执行体系。

---

① 《通则法》第 3 条。
② 《通则法》第 3—11 条。
③ http://www.jsps.go.jp/j-center/gaiyou.html，阅览日：2011 年 9 月 3 日。

（二）有关振兴会业务的法律规定

《振兴会法》第 4 章 "业务等" 规定了振兴会的业务范围以及有关振兴会的资助金与准备金等事项。《通则法》第 3 章《业务运行》第 1 节 "业务" 也对有关独立行政法人业务的事项作了一般性的规定。但是，这两部法律的规定仅是对有关业务最基本的事项作了原则性规定。为了增强其可操作性，根据《通则法》第 28 条第 1 项的规定，振兴会具体的业务行为由振兴会制作并由日本文部科学大臣批准的《独立行政法人日本学术振兴会业务方法书》（ "独立行政法人日本学術振興会業務方法書" 以下简称为《业务方法书》）来规范。该《业务方法书》对振兴会的业务运行基本原则、振兴会业务范围、振兴会业务委托与受托、招标以及其他有关振兴会业务执行的必要事项都作了规定。《业务方法书》具体应记载的内容由《独立行政法人日本学术振兴会关联省令》［2003 年（平成 15 年）文部科学省令第 48 号，以下简称为《振兴会关联省令》］第 1 条之 2 来规定。此外，振兴会除了该《业务方法书》外，还可以对其业务执行制定必要的细则。①

与此同时，为了确保日本政府有关学术振兴的政策能够通过振兴会得到有效的实施，以及确保日本政府对振兴会相关业务运行的监控，《通则法》第 3 章《业务运行》第 2 节《中期目的等》中有关中期目标、中期计划、年度计划、年度事业实际业绩评价、中期目标事业报告书以及中期目标事业实际业绩评价等规定，同样也适用于振兴会。有关中期计划的记载事项、年度计划的制定与变更以及有关年度业务与中期目标的实际业绩评价的具体事项等由《振兴会关联省令》来规定。②

此外，振兴会为获得国民的监督并增强国民对学术振兴事业的理解，还建立了自我检查制度，该制度由内部检查与外部评价两部分构成。在内部检查方面，在 2009 年（平成 21 年）度事业，振兴会根据《独立行政法人日本学术振兴会自我检查评价委员会规程》、《独立行政法人日本学术振兴会平成 22 年度自我检查评价实施要领》以及《独立

---

① 《业务方法书》第 16 条。
② 《振兴会关联省令》第 2—7 条。

行政法人日本学术振兴会平成 21 年事业评价手法》等振兴会制定的自我检查与评价规定，实施了自我评价，在将自我评价结果提交给外部评价委员会的同时也将自我评价的结果进行了公布。而外部评价，则是由足以代表日本学术界以及产业界的有识之士构成的外部评价委员会，基于《独立行政法人日本学术振兴会外部评价委员会规程》而实施的，外部评价的结果除会通过网页进行公开外，还会用于学术振兴会的业务改善。①

二　组织机构

如图 1 所示，作为事务组织，振兴会中设置有总务部、国际事业部以及研究事业部三个部门，总务部下设总务课、企划信息课、会计课、出纳课与研究者培养课，国际事业部下设研究协助第一课、研究协助第二课、人才交流课、地域交流课以及海外派遣基金事业课、研究者国际交流中心，研究事业部下设研究事业课、研究促进第一课、研究促进第二课以及基金课。

此外，振兴会还设置有理事长、理事、监事等管理者，并设有评议员会、学术体系研究中心、海外研究联络中心以及学术顾问会议等机构。

（一）振兴会的管理者

根据《振兴会法》第 8 条的规定，作为振兴会的管理者，振兴会应设置 1 名理事长，2 名监事，也可以设置 2 名以内的理事。现在振兴会的理事长为小野元之；两名监事分别是会田藤美和京藤伦久（非专职监事）；两名理事是小林诚与清木孝悦。② 理事长的任期为 4 年，而监事与理事的任期则为 2 年。③ 如果在补选管理者时，补选管理者的任期为

---

① 《平成 22 年独立行政法人日本学术振兴会年度计划》第 1—2 页，http：//www. jsps. go. jp/j-outline/data/n_ keikaku_ 22. pdf，阅览日：2011 年 10 月 25 日。

② http：//www. jsps. go. jp/aboutus/index4. html，阅览日：2011 年 4 月 3 日。

③ 《振兴会法》第 10 条。

前任管理者的剩余任期，而振兴会的这些管理者都可以连任。① 振兴会的现任理事长小野元之以及小林诚理事就是连任的管理者，而其他管理者则是首次被任命的管理者。②

1. 管理者的选任

首先，振兴会的理事长以及监事由文部科学省大臣任命③，其理事则由振兴会的理事长选任，振兴会的理事长在选任理事后必须及时向文部科学大臣申报并将该信息进行公告。④ 如振兴会的理事长没有向文部科学大臣进行申报或者没有将该信息公告又或者公告了虚假内容时，将被处以 20 万日元以下罚金。⑤ 无论是文部科学大臣选任的振兴会的理事长或是振兴会的理事长选任的理事都必须满足两个条件：第一，对振兴会所进行的事务与事业有高度的知识水准与丰富的经验；第二，能够公正且有效地运行振兴会所进行的事务与事业。⑥

其次，政府或地方公共团队的职员（非专职人员除外），不能成为振兴会的理事长、监事或者理事⑦，如果有政府或地方公共团队的职员（非专职人员除外）被任命为振兴会的理事长、监事或者理事时，则必须将其解任。⑧ 但是，教育公务员中由政令规定的人员（比如大学的校长、副校长、院长、教授等），可以成为监事或者非专职理事。⑨ 现任的会田藤美监事就是东京农业大学的教授。

再次，文部科学大臣或者振兴会的理事长，在其任命的振兴会的管理者中有因身心上的原因难以履行职务，或者违反了职务上的义务等情况发生时，有权解除该管理者的职位。⑩

此外，如果因文部科学大臣或者振兴会的理事长任命的振兴会的管理者（监事除外）不适当地执行其职务，而造成振兴会的业务业绩恶

① 《通则法》第 21 条。
② http：//www. jsps. go. jp/aboutus/index4. html，阅览日：2011 年 4 月 3 日。
③ 《通则法》第 20 条第 1 项、第 2 项。
④ 《通则法》第 20 条第 3 项、第 4 项。
⑤ 《通则法》第 71 条第 2 号、第 3 号。
⑥ 《通则法》第 20 条第 1 项、第 3 项。
⑦ 《通则法》第 22 条。
⑧ 《通则法》第 23 条第 1 项。
⑨ 《振兴会法》第 11 条。
⑩ 《通则法》第 23 条第 2 项。

化时，对该管理者具有任命权的文部科学大臣或者振兴会的理事长判断不应继续留任该管理者时，可以将其解任。① 振兴会的理事长在解任其任命的理事后必须及时向文部科学大臣申报并将该信息进行公告。② 如振兴会的理事长没有向文部科学大臣进行申报或者没有将该信息公告又或者公告了虚假内容时，将被处以 20 万日元以下罚金。③

2. 振兴会管理者的职权与权限

振兴会的理事长是振兴会的法定代表人，统管振兴会所有的业务。④ 振兴会的理事可以在振兴会理事长的规定的范围内，辅佐理事长管理振兴会的业务⑤。在振兴会的理事长因故不能履行其职责或者理事长一职出现空缺时，振兴会的理事可以根据振兴会理事长的规定，代理理事长的职务，如果振兴会没有设置理事时则由监事代理理事长的职务⑥，但是，监事在代理振兴会的理事长职务期间，不能再同时行使振兴会监事的职务。⑦ 这是为了避免管理职能和监督职能的混淆。

在日本独立行政法人制度下，振兴会的意思决定由理事长做出⑧。但是为了辅佐理事长履行其职务，同时为了确保振兴会业务执行的公正与顺利，振兴会可以成立由振兴会的理事长与理事为成员的管理者会（役員会）。该管理者会可以审议预算、事业计划、规程的制定等重要事项，为理事长进行的意思决定提供帮助。⑨

监事的职责是监督、检查振兴会的业务执行情况⑩，当监事根据检查的结果认为有必要时，可以向文部科学大臣或者振兴会的理事长提出自己的意见。⑪ 而且，振兴会的监事也能够出席管理者会议，并发表必要的意见。⑫

---

① 《通则法》第 23 条第 3 项。
② 《通则法》第 23 条第 4 项。
③ 《通则法》第 71 条第 2 号、第 3 号。
④ 《通则法》第 19 条第 1 项。
⑤ 《振兴会法》第 9 条第 1 项。
⑥ 《通则法》第 19 条第 2 项、第 3 项，《振兴会法》第 9 条第 2 项。
⑦ 《振兴会法》第 9 条第 3 项。
⑧ 《通则法》第 19 条第 1 项。
⑨ 振兴会：《平成 21 年事业报告书》，第 44 页。
⑩ 《通则法》第 19 条第 4 项。
⑪ 《通则法》第 19 条第 5 项。
⑫ 振兴会：《平成 21 年事业报告书》，第 44 页。

此外，监事可以对振兴会的下列事项进行检查，即业务内容、财务状况、招标或合同的内容、《任意合同①修改计划》的实施情况、由任意合同变更为招标后仅有一家进行投标的合同、工资水准的情况以及为实现工资水准公平化而采取的措施等。②

3. 振兴会管理者的兼职限制

振兴会的管理者在任职期间，如果没有得到对其职务有任命权的文部科学大臣或振兴会理事长的同意，不能出任营利性团体的管理者或者自己从事营利性事业。③ 这一点很重要，如果不作这样的限制，很容易发生振兴会的管理者为个别营利性团体或自身的利益而损害振兴会职责的事情。

（二）评议员会

振兴会设有由 15 名以内的评议员组成的评议员会。④ 该评议员会可以应理事长的咨询，审议有关振兴会业务运行上的重要事项⑤，并可以对振兴会业务运行上的事项，向理事长陈述意见⑥。评议员必须对振兴会业务的公正运行有必要的学术经验，在接受文部科学大臣的批准后，由振兴会的理事长任命，其任期为 2 年，可以连任⑦，但补选的评议员任期为前任评议员的剩余任期⑧。

在被批准任命的评议员中，如果有因身心上的原因难以履行职务，或者违反了职务上的义务等情况，振兴会的理事长判断该评议员不适合继续留任时，有权解除该评议员的职位。⑨ 如果是振兴会的理事长在前述情况下解任评议员时，还必须事先接受文部科学大臣的批准。⑩ 如果

---

① 任意合同（随意契约）是指，（仅限于政府或地方公共团体所缔结的合同中特定的情况下）不通过竞争或者招标的方式，而选择签约对象并任意与之缔结合同（电子词典《广辞苑·第 5 版》）。
② 振兴会：《平成 21 年事业报告书》，第 45 页。
③ 《通则法》第 61 条。
④ 《振兴会法》第 13 条第 2 项。
⑤ 同上。
⑥ 《振兴会法》第 13 条第 3 项。
⑦ 《振兴会法》第 14 条第 1 项、第 2 项。
⑧ 《振兴会法》第 14 条第 3 项，《通则法》第 21 条第 1 项、第 2 项。
⑨ 《振兴会法》第 14 条第 3 项，《通则法》第 23 条第 2 项。
⑩ 《振兴会法》第 14 条第 4 项。

振兴会的理事长没有申请文部科学大臣的批准，将被处以 20 万日元以下的罚金。①

在 2009 年（平成 21 年）度，振兴会的评议员是由来自学界、产业界以及大学等各界的 15 名博学多才之士组成，并召开了两次评议员会议。会议针对振兴会业务运行上的重要事项进行了审议。②

（三）学术系统研究中心

学术系统研究中心是与振兴会的总务部、国际事业部以及研究事业部并列的独立组织。

该中心是振兴会于 2003 年（平成 15 年）7 月为执行研究项目管理事务制度而设置的。所谓的研究项目管理事务制度是指，2003 年（平成 15 年）4 月日本综合科学技术会议在《具有竞争力研究的资金制度改革意见》［競争的研究資金制度改革について（意見）］中建议：为发挥具有竞争力研究的资金的最大功效，有必要在确立严格并高度透明的评价体系的同时，组织具有研究经验的人士，建立对从课题的选定到评价、跟踪调查等全过程负责的研究项目管理制度。③

学术系统研究中心是由活跃于研究活动最前沿的研究者组成，是学术研究方面的智囊团。其主要工作是参与振兴会事业中的审查、评价业务，同时对振兴会提出各种提案、建议或者对学术振兴方略、学术研究动向进行调查研究，其主要的业务包括：（1）选拔科学研究费资助金的审查委员候选人；（2）选拔特别研究员事业或者国际交流事业的审查员候选人；（3）对日本学术振兴会奖的候选人进行预备审查；（4）对育志奖的候选人进行预备审查；（5）对振兴会事业的提案与建议；（6）对学术振兴方略以及学术研究动向的调查与研究。④

学术系统研究中心设有 1 名所长、3 名副所长以及 1 名咨询委员。所长与副所长的职务是：（1）统括中心的业务，进行中心内部以及与其他各事业部门之间的沟通与协调；（2）策划、制定审查、评价业务

---

① 《通则法》第 71 条第 1 号，《振兴会法》第 14 条第 4 项。
② 振兴会：《平成 21 年事业报告书》，第 28 页。
③ http：//www. jsps. go. jp/j-center/01_ establishment. html，阅览日：2011 年 4 月 4 日。
④ 同上。

或者调查研究的实施计划；（3）对研究员进行指导、给予建议，以及对其职务执行状况进行评价。咨询委员的职务则主要是对中心运行上的所有事项进行建议。①

现在该中心所长为 2008 年诺贝尔物理学奖得主小林诚，3 名副所长分别为：京都大学名誉教授村松歧夫，综合研究大学院大学名誉教授、自然科学研究机构基础生物学研究所名誉教授胜木元也，以及前岐阜大学校长、东京大学名誉教授黑木登志夫，咨询委员为东京大学名誉教授石井紫郎。②

此外，该中心还设有：（1）运行委员会（负责沟通并协调该中心的业务实施）；（2）主任研究员会议（研讨学术振兴方略以及应对跨越多个研究领域的事项）；（3）专门调查班会议（分为人文学专门调查班、社会科学专门调查班、数物系科学专门调查班、化学专门调查班、工学系专门调查班、生物系专门调查班、农学专门调查班、医牙药学专门调查班、综合与复合新领域专门调查班等 9 个专门调查班，这些专门调查班对应不同学术领域研究的需求，进行意见交换）；（4）工作会议（为能够灵活并及时处理需要连续审议的重要课题而设置。现在设有科学研究费与特别研究员事业 2 个工作会议）。③

其中每个专门调查班都由有研究经验的主任研究员与专门研究员构成。这些研究员一般从拥有高水平研究业绩的研究者或者拥有管理、运行大学等经验的研究者等一些能够代表日本的研究者中选出。④ 比如现在社会科学专门调查班的主任研究员为植田和弘教授（京都大学大学院经济学研究科）与山本和彦教授（一桥大学大学院法学研究科），专门研究员包括法学与政治学领域的儿玉宽教授（龙谷大学大学院法务研究科）与川出良枝教授（东京大学大学院法学政治学研究科）、经济学与经营学领域的照井伸彦教授（东北大学大学院经济学研究科）与须贺晃一教授（早稻田大学政治经济学术）、社会学领域的油井清光教授（神户大学大学院人文学研究科）与副田教授（首都大学东京都市教育

---

① http：//www. jsps. go. jp/j-center/03_ gyoumu. html，阅览日：2011 年 4 月 4 日。

② http：//www. jsps. go. jp/j-center/04_ meibo_ h16. html，阅览日：2011 年 4 月 4 日。

③ http：//www. jsps. go. jp/j-center/02_ kousei. html，阅览日：2011 年 4 月 4 日。

④ http：//www. jsps. go. jp/j-center/01_ establishment. html，阅览日：2011 年 4 月 4 日。

学部、大学院人文科学研究科）、心理学与教育学领域的拓植雅义（国立特别支援教育综合研究所首席总括研究员）与广田照幸教授（日本大学文理学部）以及三浦佳世教授（九州大学大学院人间环境学研究院）。① 这些研究员的任期为 3 年，并且，原则上不能连任。②

主任研究员与专门研究员的职责包括：（1）对学术振兴方略的调查与研究（其调查与研究结果反映于振兴会的事业运行）；（2）对学术研究动向的调查与研究（与研究员有关的领域，以对实施审查与评价业务具有必要性的调查与研究为主）；（3）有关振兴会事业审查与评价的业务（审查员的选定与分配、审查会的主持与建议、对实施的中期或完结后评价的建议与参与策划，对研究者的建议等）；（4）对振兴会事业的提案与建议；（5）所长与该研究员所在研究班的研究员之间的沟通与协调。其中（1）、（4）以及（5）主要为主任研究员的业务。③

（四）海外研究联络中心

振兴会为了强化日本与海外各国的学术交流，在 9 个国家设置了 10 所海外研究联络中心。这些中心主要的工作包括：（1）同与日本学术振兴会缔结有合作协定的外国学术振兴机构的协作；（2）与国外学术机构协作组织专题讨论会、学术发表会；（3）协作、援助日本大学在国外开展的活动；（4）构建、援助有关特别研究员等有过日本学术振兴会事业经验的人士之间信息沟通体系；（5）宣传日本的学术信息以及收集国外学术动向、大学改革等信息。④ 比如 2009 年（平成 21 年）度这 10 所振兴会的海外研究联络中心共计举办过 36 场专题研讨会或其他形式的研讨会。⑤

该中心在国外提供给日本大学等学术研究机构国外发展以及各项国际交流活动的援助包括：（1）援助大学等组织的专题研讨会；（2）为在国外进行调查的共同研究提供信息与后勤援助；（3）协助在国外进

---

① http：//www. jsps. go. jp/j-center/04_ meibo_ h16. html，阅览日：2011 年 4 月 4 日。
② http：//www. jsps. go. jp/j-center/06_ qa. html，阅览日：2011 年 4 月 4 日。
③ http：//www. jsps. go. jp/j-center/03_ gyoumu. html，阅览日：2011 年 4 月 4 日。
④ http：//www. jsps. go. jp/j-kaigai_ center/index. html，阅览日：2011 年 4 月 4 日。
⑤ 振兴会：《平成 21 年度事业报告书》，第 70 页。

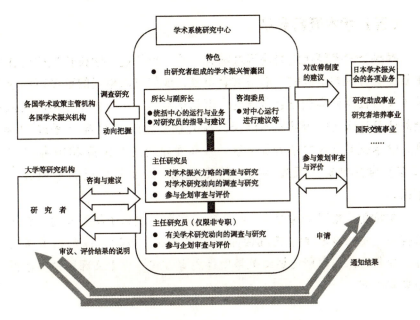

图2　学术体系研究中心工作流程图

（http：//www. jsps. go. jp/j-center/01_ establishment. html）

行的有关大学改革的调查，以及提供信息；（4）与大学设置在国外机构进行协作。①

　　此外，作为在国外进行援助的一环，日本的大学等可以利用振兴会海外研究联络中心的一部分场地作为其事务所以实施其海外事业，大学等向国外发展而需让其教职员工在国外长期滞留时，也可以利用该中心。现在能够用作这些用途的有位于华盛顿、圣弗兰西斯科、波恩、伦敦、斯德哥尔摩、斯特拉斯堡、曼谷、北京、开罗以及内罗毕的海外研究联络中心。② 振兴会《平成21年度事业报告书》显示，至该事业报告书发表时为止，日本有14所大学正在利用华盛顿、圣弗兰西斯科、伦敦、斯特拉斯堡、曼谷、北京以及开罗7所海外研究联络中心作为其海外发展的事务所。③

---

　　①　http：//www. jsps. go. jp/j-kaigai_ center/activity_ support. html，阅览日：2011年4月4日。

　　②　同上。

　　③　振兴会：《平成21年度事业报告书》，第93页。

（五）学术顾问会议

振兴会学术顾问由像获得过诺贝尔奖、出任过大学校长这样的在学术研究上有极高学识的 7 名研究者组成，他们可以审议的事项范围涉及从人文与社会科学至自然科学的广泛的学术领域，并从专业角度就振兴会的业务运行上的问题提出涉及广泛的意见。在 2009 年（平成 21 年）度，学术顾问会议共举行了 4 次，并从专业角度对包括 2010 年（平成 22 年）度的预算以及振兴会主要事业在内，涉及广泛的事项进行了审议。①

在健全了振兴会的管理、监督以及咨询等组织机构的同时，为了确保振兴会能够顺利地实现其使命，振兴会的业务运行以包括业务方法书、中期目标、中期计划以及年度计划等方式，置于文部科学大臣的严格管理之下。

三　振兴会的业务运行

根据《振兴会法》第 15 条的规定振兴会的业务包括：（1）对学术研究进行必要的援助；（2）为培育优秀的学术研究者以及奖励研究者的研究而支付资金；（3）向海外派遣研究者、接受外籍研究者以及其他促进学术国际交流的业务；（4）组织有关学术应用的研究；（5）在有关学术应用的研究方面，为促进学界与产业界的合作而进行必要的援助；（6）进行有关学术振兴方法的调查和研究；（7）促进与（4）和（6）的业务相关成果的普及与实际应用；（8）对国家为振兴学术而进行的援助进行审查与评价；（9）进行前面各项业务的附带业务。

同时，《振兴会法》第 22 条第 2 号还规定了对违反振兴会业务范围的处罚，即如果振兴会从事了前述业务以外的业务，对此事项负责的振兴会管理者将被处以 20 万日元以下的罚款。

（一）业务方法书

为了确保振兴会能够公正、确实地完成其使命，根据《通则法》第

---

① 振兴会：《平成 21 年度事业报告书》，第 29、44 页。

28 条第 1 项的规定，振兴会在业务开始之际，必须制作业务方法书以规定振兴会在业务方法上的基本事项，并接受文部科学大臣的批准。变更业务方法书时，同样也要接受文部科学大臣的批准。而根据《通则法》第 28 条第 3 项、文部科学省独立行政法人评价委员会令［2000 年（平成 12 年）6 月 7 日政令第 320 号］，文部科学大臣在进行批准时，要事先听取文部科学省独立行政法人评价委员会（以下简称为"评价委员会"）的意见，同时根据《振兴会法》第 16 条，文部科学大臣在有关振兴会业务运行的事务上应与日本学术会议进行切实的沟通。此外，根据振兴会附则第 2 条之 3 第 1 项，文部科学大臣在批准该事业报告书中，以尖端研究基金充当其费用的，对学术研究进行必要援助的业务（以下简称为"援助尖端研究业务"）时，还必须与有关行政机关的主管官员协议，并应听取综合科学技术会议的意见。

振兴会在接到文部科学大臣的批准后必须公开该业务方法书。[①] 如果存在振兴会制定或者变更业务方法书时，没有申请文部科学大臣的批准，或者没有进行公告又或者进行虚假公告时，振兴会中对该行为负责管理者将被处以 20 万日元以下的罚金。[②] 此外，对没有申请文部科学大臣批准负责的振兴会管理者还将被处以 20 万日元以下的罚款。[③]

1. 业务运行的基本方针

鉴于学术振兴业务的公共性，根据《独立行政法人日本学术振兴会业务方法书》（以下简称为《业务方法书》）第 2 条的规定，振兴会业务运行的基本方针是：振兴会通过为学术研究以及培养研究者提供资金，促进日本学术的国际交流以及进行有关学术应用的研究等业务，积极与有关机构通力合作，以实现其业务的公正、高效与有效的运行。为了实现这一基本方针，《业务方法书》还对振兴会各项业务的执行方法作了规定。

（1）对学术研究的援助。为支付研究活动以及公开该研究活动的成果所需的必要经费，振兴会以政府预算确定的国家资助金为财源，进

---

① 《通则法》第 28 条第 4 项。
② 《通则法》第 71 条第 1 号、第 3 号。
③ 《振兴会法》第 22 条第 1 项。

行向研究者支付资助金等学术研究上的必要援助。①

（2）为培养研究者支付资金。振兴会为了培养优秀的研究者，奖励年轻有为的研究者在国内外大学以及其他学术研究的机关（以下简称为大学等）进行研究，提供相应资金。②

（3）促进学术的国际交流。振兴会为促进学术的国际交流，进行以下各项业务。③

①支付招聘外国研究者来日本大学，或派遣日本的研究者去海外大学所必要的资金。

②基于振兴会与外国学术振兴机关的协定等，实施研究者交流、共同研究，开展讨论会以及其他交流事业。

③实施对来日本的外国研究者的生活进行援助的事业。通过海外联络据点促进学术信息交流或召开学术论坛等，在国际学术交流上能够强化日本与其他各国关系的事业。

④援助国际研究会议以及其他在促进学术的国际交流上必要的业务。

（4）学术应用的研究。振兴会实施有关学术应用方面的研究，在进行该研究时振兴会可以将其一部分委托给大学等研究机构。振兴会可以独占由实施学术应用研究而产生的无形财产权，也可以与受托该研究的机构或该研究的发明者等共有该无形财产权。④

（5）促进学术界与产业界的合作。在学术应用的研究上，振兴会为促进学界与产业界的合作，可以进行推进产学合作方策的研讨、设置信息交换与研究交流的委员会以及援助上述关系者间的协作与合作的业务。⑤

（6）有关学术振兴方策的调查与研究。振兴会为能够有效地推动日本学术振兴，对日本国内外的学术振兴方策与学术研究动向等问题，进行必要的调查与研究。⑥

---

① 《业务方法书》第3条。
② 《业务方法书》第4条。
③ 《业务方法书》第5条。
④ 《业务方法书》第6条。
⑤ 《业务方法书》第7条。
⑥ 《业务方法书》第10条。

（7）研究成果的普及与活用。振兴会可以通过发布电子类信息、出版报告书等形式，促进调查或研究成果的公开或者使其能够得到广泛、有效的利用。振兴会也可以通过承诺实施，或转让因实施学术应用研究而产生的无形财产权等方式，以有效地进行研究成果的普及。①

（8）对国家为振兴学术而进行的援助进行审查与评价。振兴会审查、评价国家为振兴学术而进行的援助事业，设立并维护公正的评价体制。②

（9）附带业务。振兴会可以进行为召开国际学术会议筹措资金业务、国际生物学奖表彰业务、与为纪念野口英世博士对在非洲的医学研究与医疗活动方面有杰出成绩的奖项（野口英世博士非洲赏）有关的医学研究方面的审查业务，以及其他业务方法书第3条至第10条规定的业务的附带业务。③

此外，根据《有关独立行政法人日本学术振兴会的省令》［2003年（平成15年）10月1日文部省令第48号，以下简称为省令］第1条之2规定，除上述9项事项外业务报告书上还应规定：①业务委托基准；②有关招标以及其他合同的基本事项；③其他与振兴会业务执行有关的必要事项。

2. 业务委托与受托

一方面，振兴会如果判断将某一业务委托给受托人实施会比自己实施更有效率时，可以将该业务委托给受托者，并应与受托者签订委托合同。④业务委托基准以及该委托合同中的规定等，以及其他有关业务委托的必要事项，以《独立行政法人日本学术振兴会业务委托基准》［2010年（平成22年）3月31日，规程第4号］的规定为准。

另一方面，振兴会应委托请求，也可以接受业务实施的委托，在接受受托业务时，振兴会应与委托者签订委托合同。⑤

3. 其他合约上的基本事项

振兴会在缔结买卖、租借、承包以及其他合同时，应通过公告进行

---

① 《业务方法书》第9条。
② 《业务方法书》第10条。
③ 《业务方法书》第11条。
④ 《业务方法书》第12条。
⑤ 《业务方法书》第13条。

招标。但是，合同性质或目的不允许竞争、金额较小或者在其他规程上有规定时，可以缔结限定投标人投标（指名竞争）或任意合同（随意契约）。符合政府采购协议［1995 年（平成 7 年）条约第 23 号］规定的合同，则适用该协议所规定的采购手续。①

振兴会通过日本政府交付的资助金设立的尖端研究助成金，为综合、有计划地振兴日本尖端研究而进行助成。此外，振兴会还通过日本政府交付的资助金设立的研究者海外派遣研究基金，并集中推进日本派遣有能力的研究者去海外，实施优秀的年轻研究者派遣事业以及有组织的年轻研究者等海外派遣项目。②

（二）中期目标与中期计划

文部科学大臣，以 3 年以上 5 年以下为期制定振兴会应达成的业务运行目标（以下简称为中期目标。）以及变更该中期目标时，必须与财务大臣协商，并将此中期目标通报振兴会并进行公告。③ 文部科学大臣制定的中期目标必须包括：（1）中期目标的期间（是指在 3 年以上 5 年以下的期间内，文部科学大臣规定的期间）；（2）有关业务运行高效化的事项；（3）有关提高提供给国民的服务以及其他业务质量的事项；（4）改善财务内容的事项；（5）其他业务运行上的重要事项。④ 文部科学大臣在制定中期目标或者变更中期目标时，必须事先听取评价委员会的意见⑤，如果涉及援助尖端研究事业时，文部科学大臣还必须与有关行政机关的主管官员协商，并听取综合科学技术会议的意见。⑥

振兴会在接到来自文部科学大臣有关中期目标的指示后，必须制定为达成该中期目标的计划（以下简称为中期计划），并在该中期计划的最初事业年度开始 30 日以前向文部科学大臣提交记载中期计划的申请

---

① 《业务方法书》第 14 条。
② 《业务方法书》第 15 条。
③ 《通则法》第 29 条第 1 项、第 67 条第 1 号。
④ 《通则法》第 29 条第 2 项。
⑤ 《通则法》第 29 条第 3 项。
⑥ 《振兴会附则》第 2 条之 4 第 1 项。

书，并申请文部科学大臣的批准。① 振兴会变更中期计划时，则要向文部科学大臣提交记载变更事项以及变更理由的申请书，并申请文部科学大臣的批准。② 如果振兴会没有申请文部科学大臣的批准，振兴会中对该事项负责的管理者将被处以 20 万日元以下的罚款。③

振兴会制定中期计划中必须包括以下事项：（1）为达成业务运行高效化的目标而应采取的措施；（2）为达成提高提供给国民的服务以及其他业务质量的目标的措施；（3）预算（包括人事费用）、收支计划以及资金计划；（4）短期借入金钱的限度额；（5）振兴会有不需要的财产或有可能成为不需要的财产的时候，对该财产的处理计划；（6）有除（5）所提及财产以外的重要财产的转让或用其提供担保时的计划；（7）余款的用途；（8）有关设施与设备的计划；（9）人事计划；（10）超过中期目标期间的债务负担；（11）公积金的用途。④

文部科学大臣批准振兴会的中期计划时，必须事先听取评价委员会的意见并与财务大臣协商，涉及援助尖端研究事业时，文部科学大臣还必须与有关行政机关的主管官员协商，并听取综合科学技术会议的意见。⑤ 当文部科学大臣判定，其批准的振兴会中期计划中对于合理且切实地实施：（1）有关业务运行高效化的事项；（2）有关提高提供给国民的服务以及其他业务质量的事项；（3）改善财务内容的事项；（4）计划对于其他业务运行上的重要事项不适合时，可以命令振兴会变更该中期计划。⑥ 振兴会接到中期计划的批准时，必须及时公告该中期计划。⑦ 而如果振兴会有：（1）违反了文部科学大臣的变更中期计划的命令；（2）没有申请文部科学大臣批准中期计划；（3）没有进行公告或者进行虚假公告等情况中的任何一种情况时，对该事项负责的振兴会管理者将被处以 20 万日元以下的罚金。⑧ 此外，对没有申请文部科学大臣批准

---

① 《通则法》第 30 条第 1 项、省令第 2 条第 1 项。

② 《通则法》第 30 条第 1 项，省令第 2 条第 1 项。

③ 《通则法》第 71 条，《振兴会法》第 22 条第 1 项。

④ 《通则法》第 30 条第 2 项，省令第 3 条。

⑤ 《通则法》第 30 条第 3 项、第 67 条第 2 号，振兴会附则第 2 条之 4 第 1 项。

⑥ 《通则法》第 30 条第 4 项。

⑦ 《通则法》第 30 条第 5 项。

⑧ 《通则法》第 71 条第 1 号、第 3 号、第 5 号。

中期计划负责的振兴会管理者将被处以 20 万日元以下的罚款。①

（三）年度计划

振兴会在每个事业年度开始前，必须基于文部科学大臣批准的中期目标，制定该事业年度的业务运行计划（以下简称为年度计划。该年度计划必须包括中期计划所规定的事项中该事业年度应实施的事项），并向文部科学大臣申报该年度计划，以及公告该年度计划。② 变更年度计划时，振兴会必须向文部科学大臣申报记载变更事项以及变更理由的申报书，并进行公告。③

如果振兴会出现下列情况时：（1）没有向文部科学大臣申报；（2）进行虚假申报；（3）没有进行公告；（4）进行虚假公告等任何一种情况，振兴会中对此负责的管理者将被处以 20 万日元以下的罚金。④

如上所述，振兴会在事业年度或者中期目标期间开始前，以业务方法书、中期计划以及年度计划等明确其业务的目标。此外，为确保振兴会能够完成其业务目标，在事业年度或者中期目标期间结束后，振兴会还必须接受对其业务执行情况的评价与检查。

四　对振兴会的评价与检查

（一）年度评价

振兴会在事业年度结束后 3 个月内，必须向评价委员会⑤提交记载年度计划所规定的每一个事项的完成业绩报告书，并接受评价委员会对

---

①《振兴会法》第 22 条第 1 项。
②《通则法》第 31 条，省令第 4 条第 1 项。
③《通则法》第 31 条，省令第 4 条第 2 项。
④《通则法》第 71 条第 2 号、第 3 号。
⑤ 根据《通则法》第 12 条，各独立行政法人的主管省为处理其所管辖的独立行政法人的相关事务，设置独立行政法人评价委员会。评价委员会管理下列事务：（1）有关独立行政法人业务上的实际业绩的评价；（2）根据其他法律或者特别法的授权处理的事项；（3）以政令的形式，规定评价委员会的组织、具体所掌管的事务，以及委员、其他职员等有关评价委员会的必要事项。

其事业年度业务成绩的评价。① 评价委员会进行的该评价，是对振兴会业务年度中期计划的实施状况进行调查以及分析，并在考虑该调查以及分析结果的基础上，对振兴会该事业年度业务成绩进行整体、综合评定。②

评价委员会在进行对振兴会的事业年度业务成绩评定后，必须及时将评价结果通知给振兴会以及文部科学省的科学技术与学术审议会（以下简称为审议会）。③ 如果评价委员会认为有必要，还可以对振兴会提出改善其业务运行以及其他事项的劝告。④ 评价委员会进行该通知时，必须及时将该通知的有关事项（如果评价委员会对振兴会提出了改善其业务运行或其他事项的劝告时，还应该通知该劝告的内容）进行公告。⑤ 此外，审议会接到通知后如果认为有必要，也可以根据该通知的评价结果，向该评价委员会陈述意见。⑥

（二）　中期评价

振兴会在中期目标期间结束后 3 个月内，必须向文部科学大臣提交其中期目标事业报告书并将之公告，而且该中期目标事业报告书必须标明中期目标所规定的每一目标的完成实际业绩。⑦ 如果振兴会有（1）没有提交该事业报告书；（2）该事业报告书欠缺应记载事项；（3）提交的事业报告书有虚假内容等任何一种情况时，对此负有责任的振兴会管理人员将被处以 20 万日元以下的罚金。⑧

振兴会在中期目标期间结束后 3 个月内，还必须向评价委员会提交记载中期目标所规定各事项完成实际业绩的报告书，并接受评价委员会的评价。⑨ 评价委员会在进行该评价时，必须在对中期目标达成状况进

---

① 《通则法》第 32 条第 1 项，省令第 5 条。

② 参见《通则法》第 32 条第 2 项。

③ 《通则法》第 32 条第 3 项，科学技术与学术审议会令（平成 12 年 6 月 7 日政令）第 279 号。

④ 《通则法》第 32 条第 3 项。

⑤ 《通则法》第 32 条第 4 项。

⑥ 《通则法》第 32 条第 5 项。

⑦ 《通则法》第 33 条，省令第 6 条。

⑧ 《通则法》第 71 条第 6 号。

⑨ 《通则法》第 34 条第 1 项，省令第 7 条。

行调查与分析，并在充分考虑该调查以及分析结果的基础上，对该事业实际业绩进行整体、综合的评定。① 评价委员会在进行对振兴会的中期目标事业完成实际业绩评定后，必须及时将评价结果通知给振兴会以及审议会。② 如果评价委员会认为有必要，还可以对振兴会提出改善其业务运行以及其他事项的劝告。③ 评价委员会在进行该通知时，必须及时将该通知的有关事项（如果评价委员会对振兴会提出了改善其业务运行或其他事项的劝告时，还应该通知该劝告的内容）进行公告。④ 此外，审议会接到通知后如果认为有必要，也可以根据该通知的评价结果，向该评价委员会陈述意见。⑤

文部科学大臣在振兴会的中期目标期间结束时，应研讨振兴会业务存续的必要性、其组织机构是否合理以及其他涉及振兴会组织与业务的所有事项，并在此基础上实施相应的整改措施。⑥ 文部科学大臣在进行该研讨时，必须听取评价委员会的意见。⑦ 审议会在独立行政法人中期目标期间结束时，也可以向文部科学大臣提出有关振兴会主要事务或业务改废的劝告。⑧

此外，振兴会事业年度结束后 3 个月内，必须制作援助尖端研究业务以及向海外派遣有能力的研究者以及与此相关的附带业务（略称为研究者海外派遣业务）报告书，并提交给文部科学大臣。⑨ 文部科学大臣接到该报告书后，必须附加意见并向日本国会报告。⑩

（三）对振兴会的检查

文部科学大臣为施行《通则法》的规定认为有必要时，可以要求振兴会报告其业务、财产或债务状况，也可以让其职员对振兴会的事务所

---

① 《通则法》第 34 条第 2 项。
② 《通则法》第 32 条第 3 项、第 34 条第 3 项。
③ 《通则法》第 32 条第 3 项。
④ 《通则法》第 32 条第 4 项、第 34 条第 3 项。
⑤ 《通则法》第 32 条第 5 项、第 34 条第 3 项。
⑥ 《通则法》第 35 条第 1 项。
⑦ 《通则法》第 35 条第 2 项。
⑧ 《通则法》第 35 条第 3 项。
⑨ 《振兴会法》附则第 2 条之 7 第 1 项。
⑩ 《振兴会法》附则第 2 条之 7 第 2 项。

实施强制调查，检查其业务状况、账簿、资料或其他必要的物品。① 如果振兴会的管理者或者职员有不报告、作虚假报告，或者拒绝、妨碍、回避调查的行为时，可以对其处以 20 万日元以下的罚金。②

而文部科学省的职员在实施强制调查时，必须携带能够表明身份的证件，并向振兴会的有关人员出示。③ 同时，《通则法》第 64 条第 3 项还规定，不允许文部科学大臣为了进行犯罪调查而对振兴会实施这项强制调查权。

此外，当文部科学大臣判断振兴会或其管理者、职员的行为违反了或有可能违反《通则法》、《振兴会法》或其他法律规定时，可以要求振兴会采取纠正该违法行为所必需的措施。④ 振兴会接到文部科学大臣要求其采取必需的措施纠正违法行为时，必须迅速纠正该违法行为或者采取其他其认为是必要的措施，且必须向文部科学大臣报告该措施的内容。⑤

---

① 《通则法》第 64 条第 1 项。
② 《通则法》第 70 条。
③ 《通则法》第 64 条第 1 项。
④ 《通则法》第 65 条第 1 项。
⑤ 同上。

第二章

日本学术振兴会的资助法律制度

日本学术振兴会资助程序法律制度是日本学术振兴会法律制度中非常重要的组成部分。它包括了学术振兴会制度中与我国对应的申请与受理、评审与决定、实施与管理三个阶段，涉及《科学研究费资助金操作规程》、《关于资助金等预算执行的公正、合理化的法律》（以下简称《合理化法律》）、《2010 年（平成 22 年）度科学研究资助金公募要领》（以下简称《公募要领》）、《学振研究者使用条件（资助条件）（2010年度）》（以下简称《资助条件》）等众多的法律法规。其中，如申请与受理阶段申请条件中，就什么是限制条件"避免不合理的重复和过度集中"，通过明确定义的形式规定，操作性非常强，并且特别增加拨款前的单独审查程序，这对保证最大限度地将资助资金使用到与科研相关的活动中，非常有借鉴意义。再比如评审与决定和实施与管理阶段，明确规定可以运用通信评审、会议评审、听证会评审和现场调查等多种方法，对科研资助资金的合理使用，有充分的监督手段。另外，以《资助条件》这样一个年度经费使用细则的规定为例，其包括了被资助者的责任、研究机构对资助经费的管理、直接经费的使用（包括使用原则、科目列举、使用期限、人员雇用等）、不能变更的事项、资助项目的废除、所属研究机构的变更、产假研究的中断、经费的转让、经费的返还、间接经费的增加、业绩报告、研究成果的发表、生命伦理、安全对象的确保，等等。如此详细的规定反衬出为什么我们的法律总会被批评缺乏可操作性。以上的说明表明该部分的研究目标和要解决的问题在于资助程序的具体制度设计方法的学习，特别是包括详细的操作规程的内容可由年度实施规范这样的低位阶法规来规定，从而保证了法律制度的稳定性和可操作性的完美结合。

一　资助制度的法律依据

科学研究费助成事业是振兴会最主要的业务之一。科学研究费助成金包括学术研究助成金与科学研究费资助金。科学研究费以发展从人文与社会科学到自然科学的所有领域，以及从基础研究到应用研究的所有学术研究为目的。[1] 仅 2011 年（平成 23 年）一年科学研究费助成金的预算额就达到了 2633 亿日元。[2]

为了确保科学研究费助成金能够得到更有效、更公正的使用，日本制定了多部有关法律与规章制度，主要包括：《关于资助金等预算执行的公正与合理化法律》[3]、《科学研究费资助金操作规程》[4]、《独立行政法人日本学术振兴会科学研究费助成事业（科学研究费补助[5]金）工作规程》[6]（以下简称为《助成金工作规程》）、《科学研究费补助金操作规程》[7]（以下简称《操作规程》）、《独立行政法人日本学术振兴会执行科学研究费资助金的审查基本观点》[8]（以下简称为《审查基本观点》）、《科学研究费资助金（基础研究等）的审查与评价规程》[9]（以下简称为《审查与评价规程》）、《学振研究者使用规则（资助条件）》[10]（以下简称《资助条件》）、《科学研究费助成事业（学术研究助成基金

---

① http：//www.jsps.go.jp/j-grantsinaid/index.html，阅览日：2011 年 9 月 14 日。

② http：//www.jsps.go.jp/j-grantsinaid/27_kdata/data/1-1.pdf，阅览日：2011 年 9 月 14 日。

③ "補助金等に係る予算の執行の適正化に関する法律"，1955 年（昭和 30 年）8 月 27 日，法律第 179 号。

④ "科学研究費補助金取扱規程"，1965 年（昭和 40 年）3 月 30 日颁布，2003 年（平成 15 年）9 月 12 日，文部科学省告示第 149 号令最新修改。

⑤ 补助：对不足的部分补足、帮助。国語辞書·大辞泉。yahoo.co.jp。

⑥ "独立行政法人日本学術振興会科学研究費助成事業（学術研究助成基金助成金）取扱要領" 2011 年（平成 23 年）4 月 28 日，规程第 19 号。

⑦ "科学研究費補助金取扱規程" 1965 年（昭和 40 年）3 月 30 日，文部省告示第 110 号。

⑧ 2003 年（平成 15 年）11 月 14 日，科学技术与学术审议会决定。

⑨ 2006 年（平成 18 年）9 月 22 日，独立行政法人日本学术振兴会科学研究费委员会决定。

⑩ "学振研究者使用ルール（補助条件）（平成 22 年度）"，2010 年。

助成金）研究者使用规则》①（以下简称《助成金使用规则》）、《独立行政法人日本学术振兴会科学研究费助成事业（科学研究费资助金）工作规程》②（以下简称为《资助金工作规程》）。

首先，《合理化法律》通过对有关资助金的交付申请、决定等有关事项以及其他有关资助金的预算执行的基本事项进行规定，以实现防止资助金的不正当申请与使用，以及实现有关资助金的预算执行以及资助金交付决定的公正化与合理化等目的。③ 为此，《合理化法律》对资助金的交付申请与决定④、资助事业的执行⑤以及资助金的返还等⑥事项进行了详细的规定。同时为了确保法律的实效性，《合理化法律》不但规定各省各厅的主管官员就有关资助金预算执行事业有入内检查的权力，还规定了对有关资助金预算执行的不正当行为的处罚。⑦

此外，在项目申请与受理阶段规定有"避免不合理的重复和过度集中"这样的限制条件，不但对相关行为的界定十分清楚，而且还极具操作性。除此之外还特别增加拨款前的单独审查程序，这些对保证将资助资金最大限度地使用到与科研相关的活动中，非常有借鉴意义。再比如评审与决定和实施与管理阶段，明确规定可以运用通讯评审、会议评审、听证会评审、现场调查评审等多种方法，对科研资助资金的合理使用进行充分、有效的监督。

而《补助金工作规程》与《助成金工作规程》是振兴会自主制定的有关科学研究费助成金的具体工作规章制度。这两部工作规程内容非常相似，都包括学术研究助成金或科学研究费资助金的定义、交付对象、不交付事业、交付申请者、计划报告书、交付预定额的通知、分配审查、交付申请书、交付决定、申请的撤销、使用限制、实施情况报告书、实际业绩报告书、金额确定、研究成果报告书、账簿关系资料的整

---

① "科学研究费助成事业（学術研究助成基金助成金）研究者使用ルール（交付条件）（予定）"，2011 年（平成 23 年）度。

② "独立行政法人日本学術振興会科学研究费助成事业（科学研究费補助金）取扱要領"，2003 年（平成 15 年）10 月 7 日，规程第 17 号。

③ 《合理化法律》第 1 条。

④ 《合理化法律》第 2 章。

⑤ 《合理化法律》第 3 章。

⑥ 《合理化法律》第 4 章。

⑦ 《合理化法律》第 6 章。

理、会计调查、科学研究或者资助事业的情况调查、研究过程与研究成果的公布、设备的捐献等事项。由此可知,《补助金工作规程》与《助成金工作规程》是对科学研究费助成金的申请与受理、评审与决定、实施与管理三个阶段的工作程序进行具体规定的。

相对《补助金工作规程》与《助成金工作规程》对工作程序的规定,《审议基本观点》以及《审查与评价规程》则是对审查基准的规定。《资助条件》与《助成金使用规则》则是规定了接受科学研究费资助金的研究者在使用该科学研究费资助金从事科学研究时,应该遵守的事项。

此外,以《资助条件》这样一个年度经费使用细则的规定为例,该细则包括了被资助者的责任、研究机构对资助经费的管理、直接经费的使用(包括使用原则、科目列举、使用期限、人员的雇用等)、不能变更的事项、资助项目的废除、所属研究机构的变更、因产假研究中断、经费的转让、经费的返还、间接经费的增加、业绩报告、研究成果的发表、生命伦理、安全对象的确保等事项。

振兴会的资助管理具有鲜明的合同性质,资助管理中的一系列格式合同书、各类格式化的表格也具有很强的法律约束力,所以振兴会特别制定了《独立行政法人日本学术振兴会合同规则》、《关于合同公布的办法》等内部规定,用于加强科学资助行为以及其他行为的合同管理。前者主要规定负责签订合同的人在签订各类合同时应负的责任以及合同的内容、合同的监督制度等;后者则是关于合同公示制度的规定。

二　实体性规定

(一) 资助制度中的基本定义①

在日本学术振兴会资助制度中涉及了很多基础性的概念,准确理解这些名词的内涵,方便我们与我国的相应制度进行对照。

(1)资助金。是指国家对国家以外的人给付的资助金、负担金、

---

① 见《操作规程》第2条以及《合理化的法律》第2条。

利息补给金以及其他由政令规定的资金。

（2）资助事业。是指资助金的交付对象的事务或事业。

（3）资助事业者等。是指从事资助事业的人员。

（4）间接资助①等。是指以下所记各项资金：把没有接受相当的反对给付②的国家以外的组织或个人所提供的给付金、资助金，直接或间接地作为课题经费的全部或一部分，而且遵循该资助金的交付目的；进行交付的资金以及利息补给金或者以减轻利息为目的的前项给付金的接受者，遵循交付的目的，减轻利息通融资金。

（5）研究机构。研究机构是指以下的学术研究机构：大学以及大学共同利用机关、进行学术研究的文部科学省的设施等机关、高等专门学校以及根据其他规定由文部科学大臣指定的，进行学术研究的国家或者地方公共团队设置的研究所以及其他机关，由特别法设立的法人或由该法人设置的研究所以及其他机关，或者一般社团法人或一般财团法人。

（6）研究代表者。在科学研究费资助金交付的事业中，作为法③第2条第3项规定的资助事业者（以下简称"资助事业者"），对该进行事业负责的研究者。

（7）研究分担者。在科学研究费资助金交付事业中，2名以上的研究者共同对一个研究课题进行研究时，作为资助事业者与研究代表者共同进行该事业的研究者。

（8）合作研究者。在科学研究费资助金交付事业中，在研究代表者或研究分担者的监督下，与该研究代表者或研究分担者合作，参与研究的研究者。

（9）研究辅助者。研究代表者、研究分担者以及研究辅助者以外，在科学研究费资助金事业中，辅助研究的人员。

（10）不当使用。由于故意或者重大过失，将科学研究费资助金用

---

① 相当于我国科学事业项目申请时经费来源一栏的其他经费来源。一般也是由政府之外的组织、个人无偿向研究者提供的资助经费。上述"间接资助金"的概念解释中，"没有接受相当的反对给付"，即是无偿的意思。

② 反对给付，相当于我国民法中的对待给付。是指买卖等双务契约中，对一方的给付另一方的具有对价意味的给付。例如，对卖方标的物的给付卖方价金的给付。

③ 即《合理化的法律》。

于其他用途，或者在使用时违反科学研究费资助金交付决定的内容或者附属条件而使用。

（11）不当行为。指对科学研究费资助金交付事业发表的研究成果中的数据、信息、调查结果等，存在伪造、篡改或盗用。

（二）资助金交付的对象

一般的，资助项目的类型具体包括特别推进研究（在国际上得到较高评价，有可能获得杰出成果的研究项目）、特定领域研究（可以提升相关领域研究水平、地球上需要的或社会需求特别强烈的研究）、新学术领域研究（有研究者或研究机构提案，旨在提高强化学术水准的研究）、基础研究（虽然研究成果不可预计，但其进展有可能突破学术难关且具有革新性、挑战性的研究）、具有挑战性的初期研究（具有独创性的理念，具有挑战性且设立较高目标的初期研究）、青年研究项目等。通过上述研究项目的资助全面地推动了资助项目的开展与国家科研水平的全面提高。

根据《操作规程》第3条的规定，科学研究费资助金主要交付①予学术上重要的基础研究（包括应用研究基础阶段的研究）以及为学术研究成果公开，个人或学术团体所进行的事业。另外基于《振兴会法》第15条第1号的规定，对独立行政法人日本学术振兴会所进行的业务，文部科学大臣根据其他规定来支付科学研究资助金。除此之外，《操作规程》对于不予交付科学研究资助金的事业也进行了十分细致的规定。

首先，按照《操作规程》第4条的规定，下列期间，不予交付科学研究费资助金。

（1）如果取消交付决定的事业中，有对科学研究费资助金不正当使用行为的人员，那么根据规定，从依该交付决定被取消的下一年度起，2年至5年的期间内，不再交付研究资助金。不予交付的具体期间可以根据不正当行为的内容及严重程度评定。

（2）对于与前项所指人员共谋科学研究资助金不正当使用者，不予交付研究费资助金的具体期间与（1）相同。

---

① 相当于汉语里的"支付"。

（3）取消交付决定的事业中，有违反规定使用科学研究费资助金者，依据本法第18条第1项规定，从依该交付决定被取消的下一年度起，2年期间内。

（4）研究代表者或研究分担者，共同进行交付决定事业而被取消的研究代表者或研究分担者或研究辅助者，合作进行的交付决定事业而被取消的研究代表者或研究分担者，根据命令返还科学研究费资助金的年度的下1年间。

（5）通过伪造以及其他不正当手段，接受科学研究费资助金的人员或者共谋使用该伪造以及其他不公正手段的人员，返还该科学研究费资助金之后的1年至5年之间。

（6）被认定有不正当行为的人员（包括被认定为，对被认定有该不正当行为的研究成果有关的研究论文的内容负有责任的人员），科学技术、学术审议会可以结合不正当行为的内容，在相关人员不正当行为发生年度次年起的1年到10年的期间范围内，确定不予支付研究资助金的具体时间范围。

其次，根据《操作规程》第4条的规定，国家和独立行政法人在给予研究人员资助的时候，可由文部科学省大臣另行确定一定的期间，对下列进行业务工作的人，不予交付科研资助金。

（1）将特定资助金用于其他用途的人员或者共谋将该特定资助金用于其他用途的人员。

（2）违反科研资助金使用内容的规定或其附属条件，或者基于其他法令被国家机关或独立行政法人的主管管理者实施处理决定的人员。

（3）基于伪造以及其他不正当手段接受特定给付金的人员或者共谋使用伪造以及其他不正当手段的人员。

（4）其他在使用特定给付金的事业中，被认定有不正当行为的人员。

以上是关于资助金资助对象在正反两方面的一般性规定，文部科学省以及学术振兴会亦会根据不同年度的具体情况发布公募要领进行详细的规定，例如根据《公募要领》的规定，科学研究资助金（科研费）是涉及人文、社会科学、自然科学等所有的领域，以推进从基础到应用的全部"学术研究"（根据研究者自己的想法开展的研究）发展为目的的、具有竞争性的资金。通过同行评价（由研究领域相近的数名研究者进行审查）扶助一些具有独创性、先进的研究，使其成为社会发展的基础。

（三）资助应避免的情形

为了保障资金使用效率的最大化，对于申请资助的项目，文部科学省以及学术振兴会的相关法律法规中还规定有避免重复以及过度集中方面的内容。①

1. 避免重复

不合理的重复具体是指同一研究者的同一课题（指的是获得竞争性资金的研究名称以及内容）获得多项竞争性资金，如以下几种情况：

（1）实质上同一（包含一定程度的重合，下同）的研究课题，同时申请多个竞争性资金，被重复批准的情况；

（2）已经被批准，分配完竞争性资金的课题与另一课题是实质上的同一研究课题；

（3）多个课题之间，研究费的用途相同；

（4）其他情况参考以上。

2. 避免过度集中

"过度的集中"指的是同一研究者或同一研究团队（以下称"研究者等"）在该年度获得的研究费超过了其可以有效利用的范围，使得其在研究期间内不能将研究费全部使用，如以下几种情况：

（1）研究者等获得了超过其能力或研究范围的过多的研究费；

（2）与该研究课题所付出的工作量（研究者全部研究时间中，该研究所占的时间比例）相比，该研究课题获得过多的研究费的情况；

（3）购入非必需的高额研究设备的情况；

（4）其他情况参考以上。

（四）资助金种类、资助期限及资助标准

按照《合理化的法律》规定，对于科学研究项目资助的经费主要包

---

① 见《2010 年科学研究费补助金公募要领》。

括直接资助金①、间接资助金。② 另外，按照《公募要领》的规定，科研资助金包括的种类是十分丰富的，涉及了科学研究各个阶段的经费支持，其主要由科研费、研究奖励、特别研究促进费、研究成果公开促进费、特别奖励费、特别研究院奖励费以及学术创建研究费等构成。当然，资助金的给付也是需要遵循一定的标准以及数量规定的，以保证资金使用的效用最大化。根据《操作规程》的规定，文部科学大臣接受业绩报告书时，应对该业绩报告书进行审查以及进行必要的调查，当认定科学研究等成果符合交付资助金决定的内容以及附属条件时，应当确定应交付的资助金金额，并通知资助金的受领者，且各省各厅的主管官员，确定资助金的交付决定时，因其后事情的变化而产生特别需要的时候，可以取消资助金的交付决定的全部或一部分，或者变更该决定的内容或者附加条件。但是，资助事业已经过去的部分，不在此限。③

至于资助的数量标准按照《公募要领》的规定，不同的被资助项目的资助资金标准也是不一致的。例如在科研费方面，特别推进研究项目资助的期限一般为 3—5 年，其科研费资助标准为 5 亿日元；特定领域研究的研究期限为 5 年，一年平均的目标为一个领域 1 千万日元至 3 亿日元；基础研究（S）的研究期限原则为 5 年，每个课题的研究经费为 5 千万日元至 2 亿日元；具有挑战性的初期研究期限为 1—3 年，每个课题的经费为 500 万日元以下；研究启动资助的期限为 2 年，每年平均 150 万日元以下。

（五）资助项目的变更

按照《资助条件》的相关规定，进行的资助项目是可以进行变更的，变更的内容具体包括直接经费使用内容的变更、所属研究机构的变更、研究代表者的变更、研究参与者的变更、研究的中断、轻微的变更、设备的处理等事项。项目变更必须履行一定的手续，但是研究的课题名称以及研究目的是不允许变更的。而且，当资助金受领者变更科学

---

① 直接资助金包括资助金、负担金、利息补给金。
② 间接资助金包括国家以外的人无偿提供的资金，以及利息补给金或者以减轻利息为目的的直接资助金给付金的接受者，遵循交付的目的，减轻利息通融资金。
③ 见《合理化的法律》第 10 条。

研究的内容或者变更经费分配时，事先必须得到文部科学大臣的同意。

具体地讲，各种需变更的内容有不同的要求。

（1）直接经费使用内容的变更：按照《资助条件》3－2规定，研究代表者直接经费各事项的金额变动超过总额的50%（直接经费的总额的50%不到300万日元的按300万日元处理）时，按照《直接经费使用内容变更承认申请书》填写申请，且需在得到日本学术振兴会的同意后方可变更。

（2）所属研究机构的变更：研究代表者如要变更其所属研究机构，需按照《研究代表者所属研究机构变更申请》提交至日本学术振兴会。

（3）研究代表者的变更：按照《资助条件》3－6规定，如没有研究代表者，可由研究参与者共同商议后，希望通过替换研究代表者（仅限于替换者为资助事业参与者）来继续该资助事业，新研究代表者需按照样式填写《资助事业者变更承认申请书》进行申请，在日本学术振兴会同意后，方可变更。若研究代表者由于丧失申请资格而需要替换研究代表者（仅限于替换者为资助事业参与者），在向新的研究代表者确认的基础上，按照样式填写《资助事业者变更承认申请书》，在日本学术振兴会同意后，方可变更；所属其他研究机构的研究参与者替换为研究代表者时，新的研究代表者需填写申请书进行申请，在日本学术振兴会同意后，方可变更。

（4）研究参与者的变更：由于研究参与者丧失申请资格而需要更换研究参与者时，研究代表者应按照样式填写《资助事业者变更承认申请书》，在日本学术振兴会同意后，方可变更。而且如前项变更成立，有新的研究参与者加入时，研究代表者需让新加入的研究参与者按照样式填写《研究分担者承诺书（其他机关使用）》或按照样式填写《研究分担者承诺书（同一机关使用）》并妥善保管。

（5）研究的中断：由于研究代表者取得产前产后或者育儿的休假而将资助事业停止，并希望在第二年度育儿休假结束后再次领受资助金。在取得育儿休假前，按照样式填写《研究中断承认申请书》申请取得日本学术振兴会同意的同时，将未使用的资助金返还。获得同意后在30日内，需按照样式填写报告，向日本学术振兴会报告至资助事业停止时该课题的研究情况（报告书中的"研究情况概要"会在国立情报学研究所的网站上公开）。

（6）轻微的变更：按照《资助条件》3 – 12 规定，资助事业中有关责任分担、直接经费（分担金额的研究者的其他细目）、本年度研究实施计划及主要物品细目各栏记载的事项，如果是为了完成资助事业可以轻微地变更，但不得变更资助事业研究目的。

（7）设备等其他事项的处理：研究代表者及研究参与者由直接经费购入的设备等，购入后立即（如购入后立即捐赠会造成研究困难且为未满 5 万日元的图书，可在合适时间再捐赠）捐赠与研究代表者或研究参与者所属的研究机构。如果立即捐赠会给研究造成不便，研究代表者应按照样式填写申请书进行申请，在日本学术振兴会同意后，方可执行；研究代表者及研究参与者需将直接经费产生的利息用于完成资助事业或转让给所属的研究机构；如研究代表者及研究参与者在提交实际成果报告书后发生了与资助事业相关联的收入应返还给日本学术振兴会。①

（六）资助项目废止

由于特定事由的发生，被资助项目亦是可以废止的，按照《资助条件》3 – 3 的规定，研究代表者要废止资助事业时需按照要求填写申请书，并在取得日本学术振兴会同意的同时，将未使用的资助金返还。获得学术振兴会同意后的 30 日内，需按照要求填写报告，向日本学术振兴会报告至资助事业废止时该课题的研究情况（报告书中的"研究情况概要"会在国立情报学研究所的网站上公开）。另外，按照《资助条件》3 – 5 的规定，当研究代表者丧失了申请资格的时候，也需要按照《资助条件》3 – 3 的手续，废止其进行的资助事业。

另外，各省各厅的主管官员，通过资助事业者提交的报告，认定该人没有遵循资助金的交付决定内容或者附加条件进行资助事业的时候，可以对该人命令遵循这些规定实施该资助事业。资助事业者违反该项命令时，各省各厅的主管官员可以命令该人临时停止实施该资助事业。②

---

① 见《资助条件》3 – 13 至 3 – 14。
② 见《合理化的法律》第 13 条。

三　程序性规定

（一）申请

1. 申请主体

按照《操作规程》第 5 条的规定，能够进行科研经费资助金申请的主体包括申请科学研究资助金时，进行科学研究的代表者以及申请研究成果公开资助金时，进行研究成果公开的个人或学术团队的代表者。申请资助金交付（包括合同的申请，以下相同）的人员，必须根据政令的规定，在记载了资助事业的目的、内容、资助事业等所需经费以及其他必需的事项的申请书上，添加各省各厅的主管官员规定的书面资料，并在其规定的日期前，向各省各厅的主管官员提交该申请。① 另外具有多个研究机构申请资格的研究者可同时从多个研究机构提出申请，但是为了使有限的财力可以支撑更多优秀的研究者，立足于各研究项目的审查体制，避免申请数量的大量增加等因素，在承担研究计划全部责任的研究代表以及数额巨大的研究项目中，负责其中一部分的研究者进行申请的时候申请者要受到"重复限制规定"的约束，另外日本学术振兴会特别研究员以及外国特别研究员不能申请。②

2. 申请书的提交

申请资助金（在振兴会进行审查、评价的申请除外）的人员，应事先根据另行规定的样式，向文部科学大臣提出有关科学研究或者研究成果公开的计划报告书，前项计划报告书的提出期间，每年由文部科学大臣公布。另外，申请在振兴会进行审查、评价资助金的人员，应根据其他规定，向振兴会提出科学研究的计划报告书，前项计划报告书的提出期间，每年由振兴会公布。③

具体程序为：申请者在进行申请时，必须按照公募要领的规定完成确认申请资格、确认研究者的信息录入、取得电子申请系统的账号以及

---

① 见《合理化的法律》第 5 条。
② 见《公募要领》Ⅲ 至申请者。
③ 见《操作规程》第 6 条。

确认"重复限制"等先期工作。并以书面材料的形式提交研究计划书（研究计划书主要由两部分组成，前半部分通过"电子申请系统"将申请信息包括课题名称、申请金额等与课题相关的基本资料以及与研究团队相关的资料等通过"电子申请系统"录入，后半部分是以 PDF 格式制作形成的研究计划书），且在研究代表者录入申请信息时，另行制作申请内容文件添加到电子申请系统并制作成 PDF 格式的研究计划书，在指定日期之前发送到研究者所属的研究机构，待其所属的研究机构在规定的日期内将研究计划书收齐之后一并上交。

另外，按照《公募要领》的规定，制作研究计划书时需要注意以下几点：

（1）研究计划为公募对象，但是单单以购入成品研究机械为目的的研究计划，符合其他经费要求的以制作大型研究装置为目的的研究计划，以商品、劳务的开发为目的的研究计划，作为职业的，接受委托而进行的研究以及在研究期限内，任意一年度研究经费未满 10 万日元的研究计划不得作为公募的对象；

（2）研究计划中研究机构的组成必须满足以下的条件：如有需要研究机构的组成可以由研究参与者、联合研究者、研究协助者以及研究代表者共同组成，且研究参与者与协助研究者以及研究代表者一样，需要由所属的研究机构认定满足一定条件之后，作为"具有科研费申请资格"的研究者将其信息录入相关电子系统。

（二）受理

对于被资助项目资助申请的审查一般采取书面审查的方式进行，但是为了能够实现公正的资助金的预算执行，各省各厅的主管官员可以在有必要时，让资助事业者或间接资助事业者提出报告，或者让其职员进入事务所、事业场等，检查账簿资料以及其他物件，或者采取入内调查的方式询问关系。进行入内调查的职员必须携带标明其身份的证件，如有相关主体请求时，必须向其提示其证件，但是这些人员不得超过必要的限度，不当地干涉资助事业者或者间接资助事业者的正常活动。①

---

① 见《合理化的法律》第 23 条、第 24 条。

（三）　资助金的交付[①]

资助金的交付工作由各省各厅的主管官员负责，各省各厅的主管官员，根据政令的规定，可以将资助金交付事务的一部分委任给各省各厅的机关，国家也可以根据政令的规定将资助金交付事务的一部分交由都道府县进行[②]。

各省各厅的主管官员，执行其掌管的资助金等预算时，应特别注意资助金等是用从国民中征收来的税金以及其他珍贵的财源支付的，必须力图使得资助金等能够遵循法令以及预算的规定，公正而且高效地被使用。资助事业者以及间接资助事业者，应注意资助金等是用从国民中征收来的税金以及其他珍贵的财源支付的，必须遵循法令的规定以及资助金的交付目的或者间接资助金的交付或通融的目的，力图诚实地进行资助事业或者间接资助事业。[③]

因此，文部科学大臣应通过对计划申请书的审核，决定资助金交付的对象以及交付预定额，并事先向该申请人员通知交付预定额。文部科学大臣在决定资助金交付对象以及交付预定额时，应就提交给文部科学大臣计划报告书，听取科学技术、学术审议会的意见。但是，对于提交给振兴会的计划报告书，仅需向振兴会报告，而不用听取科学技术、学术审议会的意见。[④]接到通知的人员，申请资助金交付时，在文部科学大臣指定的时期前，必须向文部科学大臣提交根据另行规定的式样制作的交付申请书。文部科学大臣根据前项规定的交付申请书，作出交付决定时，应该将该决定的内容以及有附加条件时的所附条件，通知给资助金交付申请人员。[⑤]

各省各厅的主管官员，在有资助金交付申请时，通过对该申请上的书面资料的审查以及进行必要的实地调查，查明该申请资助金的交付是

---

① 本章中，之前也有"交付"一词的使用，在日本学术振兴会资助制度中，通常使用的交付一词，可以我国的资助语义来理解，如交付决定即资助决定的意思。但完全以资助替代交付，难以说明二者在个别场合的微妙区别，故本书保留使用交付一词。

② 见《合理化的法律》第 26 条。

③ 见《合理化的法律》第 3 条。

④ 见《操作规程》第 7 条。

⑤ 见《操作规程》第 8 条。

否违反了法令以及预算上的规定，资助事业的目的以及内容是否公平，金额的计算上是否有错误后，认定应该交付资助金时，必须迅速作出资助金的交付决定。各省各厅的主管官员必须力争规定，自资助金的交付申请到达之时起至作出有关该申请的资助金的交付决定为止，通常应该需要的标准期间（根据法令的规定应提交该申请到与该各省各厅的主管官员不同的机关时，需加上提交该申请到的该机关的事务所时起至到达该各省各厅的主管官员为止，通常应该需要的标准期间），并将之公布，且在为了进行公正的交付而在有必要时，可以对与资助金的交付申请有关的事项加以修改，并作出资助金的交付决定。另外，作出交付决定时，必须注意不能让该资助事业申请人发生不当的困难。[1]

另外，各省各厅的主管官员，作出资助金的交付决定时，为了达成法令以及预算规定的资助金的交付目的，有必要的时候，可以在交付决定中附加下列条件，但是附加条件必须是公正的，即使是为了达成资助金的交付目的，也不得超过必要限度，不当地对资助事业者进行干涉。而且，如果资助金的交付申请者对于附加的条件有不服，可以在各省各厅主管官员规定的日期之前撤回其资助申请，当申请被撤回时，与该申请有关的资助金的交付决定被视为不存在。

具体地讲，这些条件包括：（1）变更辅助事业经费分配时，应该有各省各厅的主管官员的同意；（2）与所需经费使用方法的相关事项；（3）资助事业内容变更（各省各厅的主管官员规定的轻微变更除外）时，应获得各省各厅的主管官员的同意；（4）资助事业中止或废止时，应获得各省各厅的主管官员的同意；（5）资助事业在预定期间内没有完成或者进行资助事业出现困难时，应迅速向各省各厅的主管官员报告，并接受其指示。与此同时，各省各厅的主管官员认定基于资助事业完成而产生的收益，只要不违反该资助金的交付目的，可以附加将该交付的资助金的全部或一部分金额交付给国家的条件。在不与上述附加条件冲突的情况下，各省各厅的主管官员为了达成法令以及预算规定的资助金的交付目的，还可以附加必要的条件。[2]

---

① 见《合理化的法律》第 6 条。
② 见《合理化的法律》第 7 条。

当然，各省各厅的主管官员决定资助金的交付决定时，因其后事情的变化产生特别需要的时候，可以取消资助金的交付决定全部或一部分，也可以将决定的内容或附加条件加以变更，但资助事业进行中与已经经过的期间相关的部分不在此限。而且能够取消资助金等交付决定的情况限于，因不可抗力造成的资助金继续发放已经没有意义，以及其他政令规定的特别必要的情况。各省各厅的主管官员，对因取消资助金的交付决定而变得特别有必要的事务或事业，根据政令的规定，可以交付资助金。①

不过，各省各厅的主管官员，在作出取消资助金的交付决定、命令实施资助事业或命令资助事业临时停止或者命令采取资助事业的更正措施时，必须表明理由。②

（四）资助项目实施

1. 被资助者的责任

由于资助金的来源为国民税收，所以研究代表者及其他研究参与者必须按照资助金资助的目的，正当地使用资助金。且研究代表者在向研究参与者分发有关资助条件副本的时候，需要向研究参与者说明其也有以善良管理者应有的注意进行资助事业的义务，不得违反资助条件或将资助金用于其他目的，包括使用、让渡、交换、贷出或者提供担保，间接资助事业者亦同。因此，项目在获得被资助的经费之后，研究者和研究参与者有义务按照相关的规定完成一定的行为，以确保经费的有效利用以及被资助项目的顺利实施。各省各厅的主管官员，通过资助事业者提交的报告，认定该人没有遵循资助金的交付决定的内容或者附加其上的条件实施资助事业的时候，可以对该人命令遵循这些规定实施该资助事业。资助事业者等违反该命令时，各省各厅的主管官员可以命令该人临时停止实施该资助事业。③

被资助的研究代表者及研究参与者必须遵守《合理化法律》和该法

---

① 见《合理化的法律》第 10 条。
② 见《合理化的法律》第 21 条第 2 项。
③ 见《合理化的法律》第 13 条。

的施行令、操作规程、操作要领及含有辅助条件规定的相关法律①、相应的法令以及资助金的交付决定内容与其附加条件和基于其他法令作出的各省各厅主管官员的处理，以善良管理者应有的注意，进行资助事业，且只能将资助金用于被资助的项目上，不得将资助金用于其他目的。通过伪造以及其他不正当的手段接受资助金的交付，或者接受间接资助金的交付或者中间人，应被处以 5 年以下的徒刑或 100 万日元以下的罚款或者二刑并罚②，将资助金用于其他用途或者将间接资助金用于其他用途的人，应被处以 3 年以下的徒刑或 50 万日元以下的罚款或者二刑并罚。③

另外，在资助事业的研究活动中不允许有不正当的行为出现（发表的研究成果中的数据或研究结果的捏造、篡改以及盗用）或与不正当的行为相关联的行为。④ 研究代表者及研究参与者进行研究计划中如有需要利用征得全社会同意的研究、必须使用个人信息的研究、与生命伦理和安全对策相关的研究时，研究代表者及研究参与者须在遵守相关研究相关法令的基础上进行研究活动。⑤ 研究代表者及研究参与者需建立与资助金收支相关的账簿，将收据、证明等加以整理，且该账簿以及上述证明材料需在资助金交付年度后 5 年内妥善保管。⑥

2. 经费使用

经费的使用，可以说是学术振兴会项目资助制度的一个重要内容，不仅仅是因为资金的性质，经费的合理使用还涉及资助项目的顺利开展及本国学术道德问题。因此，学术振兴会的资助制度在经费使用方面的规定十分详细并具有很强的可操作性。

第一，研究经费要由研究代表者及研究参与者交由其所属研究机构进行管理，且获得经费的相关手续也应该通过该研究机构进行办理，如果研究代表者及研究参与者所属的研究机构发生变更，也需要按照以上

---

① 见《操作规程》1－1。
② 见《合理化的法律》第 29 条。
③ 见《合理化的法律》第 30 条。
④ 见《资助条件》9－1。
⑤ 见《资助条件》9－2。
⑥ 见《资助条件》9－3。

内容执行。① 被资助者必须公正有效地使用经费，只能将经费用于被批准的资助项目上而不得违反资助条件或者挪作他用，否则的话会面临相应的经济处罚。并且有不正当使用经费行为的主体在以后的一段时间内不得再次进行资助项目的申请。各省各厅的主管官员在发生了资助事业者将资助金用于其他用途，或者违反与其他资助事业相关的资助金交付决定的内容及其附加条件，以及违反了其他法令或者基于这些法令各省各厅的主管官员的处分决定时，可以取消资助金交付决定的全部或一部分。②

而按照《资助条件》的规定，研究代表者及研究参与者需按照交付申请书上填写的各项费用金额使用直接经费。但研究代表者可在直接经费50%以内（直接经费的总额的50%，不到300万日元的按300万日元处理）根据《操作规程》第11条第3项的规定，不经日本学术振兴会的同意变更使用详细内容中的各项金额，而且只有物品费（购买物品的经费）、差旅费（研究代表者、研究参与者、联合研究者、研究协助者的国内外出差所产生的经费）、礼金（资料整理、实验辅助、翻译、校对、提供专门的知识、调查问卷的发放、回收、研究资料的收集等产生的研究协助者所需的礼金、报酬、佣金、津贴、外请的劳动者的佣金）以及研究成果发表费等项目花费才可以使用直接资助经费来支付。

另外，课题中如有与研究代表者所属不同研究机构的研究参与者，在领受资助金后，需向该研究参与者分配可使用的直接经费以及30%的间接经费。直接经费原则上按照交付申请书上的金额进行分配，如有必要可申请变更分配额度。间接经费可由研究代表者及研究参与者所属的研究机构共同决定，可与计划书上的分配额度不同。③ 另外，如果研究代表者在该年度的资助事业资助金交付时，由于不可预知的因素，如研究的先行调查、研究方式的决定、与计划相关的诸条件、气象因素、资料收集困难等其他事由，导致资助事业在预定的期间内不能完成的，可在规定的期限内，向文部科学大臣提交申请书并在履行了相关手续之

---

① 见《资助条件》1-4。
② 见《合理化的法律》第17条第1项。
③ 见《资助条件》2-2、2-3、2-4。

后，申请延长期限以及资助金的全部或一部分滚入第二年使用。① 研究代表者直接经费各事项的金额变动超过总额的 50%（直接经费的总额的 50% 不到 300 万日元的按 300 万日元处理）时，按照样式 C-4-1《直接经费使用内容变更承认申请书》填写申请，并在得到日本学术振兴会的同意后方可变更。② 而且，直接经费在研究课题的研究期限内，即使研究期限为复数年度，除 2-7（研究代表者该年度的资助事业在交付决定时，由于不可预知的因素，如研究的先行调查、研究方式的决定、与计划相关的诸条件、气象因素、资料收集困难等其他事由，导致资助事业在预定的期间内不能完成的，可在 2011 年 3 月 1 日前，向文部科学大臣提交理由书以及必要相关手续，申请延长期限以及资助金的全部或一部分滚入第二年使用）的情况外，不得更改使用年度。

与此同时，关于经费的使用《资助条件》还规定有直接经费使用的限制措施，例如直接经费不可作为以下经费使用，包括：（1）建筑物等设施相关的经费（通过直接经费购入的物品需安装所产生的较少的安置费除外）；（2）资助事业进行中发生事故、灾害的处置费；（3）其他适用于间接经费的费用。而且直接经费除以下情况外不得同其他经费共同使用：（1）由于资助事业和其他业务两项工作而出差的情况，直接经费需在和其他经费的使用上加以区分后使用；（2）由于资助事业和其他业务共同需要而购入的一件消耗品等情况，直接经费需在和其他经费的使用上加以区分后使用；（3）在直接经费中加入其他经费（委托事业费、私立大学等经常费资助金、其他科学研究法资助金及间接费用等、费用的使用途径有限制的经费除外）用于资助事业。③

第二，学术振兴会还规定有间接经费转让方面的内容。具体如下：研究代表者及研究参与者得到间接经费后，需立即将间接经费转让至所属研究机构。研究代表者及研究参与者即使变更了所属研究机构也应履行上述职责。研究代表者及研究参与者想要变更所属研究机构时，变更后的所属研究机构如不能接受间接经费，研究代表者应按照样式填写《间接经费交付决定额变更申请书》进行申请，在获得日本学术振兴会

①　见《资助条件》2-7。
②　见《资助条件》3-2。
③　见《资助条件》2-8、2-9。

同意的同时将未使用的间接经费返还。研究代表者及研究参与者被不同研究机构的研究者替换时，如该研究机构不能接受间接经费，操作如上（如是研究代表者替换，应由替换前的研究代表者履行）。所属研究机构不能接受间接经费的研究机构的研究代表者及研究参与者变更研究机构或替换为不同研究机构的研究者，想要领受间接经费时，研究代表者需按照 C－16 填写《间接经费交付决定额变更申请书》进行申请，在日本学术振兴会同意后，方可执行。①

各省各厅的主管官员在发生间接资助事业者将间接资助事业金用于其他用途，以及其他违反了与间接资助事业等有关的法令时，可以以资助事业者为对象，取消与该间接资助事业金等有关的交付决定的全部或一部分。②

第三，经费的返还。经费的返还一般包括以下的几种情况：（1）各省各厅的主管官员，在取消资助金的交付决定时，必须命令在规定期限内返还已经交付的资助金③；（2）各省各厅的主管官员对于多交付的资助金，必须命令规定期限内返还。当然，各省各厅的主管官员认定有不得已的情况的时候，可以根据政令的规定，延长返还期限或者取消返还命令的全部或一部分。资助事业者在被命令返还资助金的时候，根据政令的规定，应对应从领取该资助金之日起至返还为止的日数，对该资助金的金额乘以年 10.95% 的利率所得金额作为加算金，交付国家。到交付日前没有交付该资助金时，根据政令的规定，对应从交付日的第 2 天起至交付之日为止的日数，未交付金额乘以年 10.95% 的利率所得金额作为过期金，必须交付国家。在前 2 项的情况下，各省各厅的主管官员认定有不得已的情况的时候，可以根据政令的规定，免除加算金或过期金的全部或一部分。如果没有返还，那么在返还义务人就同种事务或者事业还有应该交付的资助金的时候，可以在相当限定内，临时停止该交付，或者让该资助金以未交付额相抵。④

第四，相关主体的异议申诉。按照《合理化的法律》第 25 条的规

---

① 见《资助条件》4。
② 见《合理化的法律》第 17 条第 2 项。
③ 见《合理化的法律》第 18 条。
④ 见《合理化的法律》第 19 条、第 20 条。

定，对资助金交付决定、资助金交付取消决定、资助金的返还命令以及各省各厅的主管官员作出的有关资助金发放的其他决定，有异议的地方公共团体（包括港湾法［1950 年（昭和 25 年）法律第 218 号］规定上的港务局），可以根据政令的规定，对各省各厅的主管官员提出异议申诉。各省各厅的主管官员接到异议申诉时，必须在给予异议申诉者陈述意见的机会的基础上，采取必要的措施，并对异议申诉者通知该内容。异议申诉主体对于上述处理方法仍有异议，则可以向内阁提出进一步的意见。

　　3. 业绩报告

　　根据各省各厅的主管官员规定，资助事业者必须对有关资助事业进行的状况，以及资助事业的完成情况向各省各厅的主管官员报告，报告以提交《实际成果报告书》和《自我评价报告书》的形式提交，报告书中的内容需要按照各省各厅主管官员规定的内容进行撰写。如果报告书中有用资助金购入设施、备品等项目时，必须附上根据另行规定的样式制作的购入设备明细表以及记载有下一年度科学研究等计划的书面内容，接受各省各厅主管官员的审查，以确保经费资助的研究项目取得预期的效果。而且，资助事业延长的同时，在下一年度要使用资助金的研究代表者需在资助事业开始的年度结束时，按照要求向日本学术振兴会进行成果报告的同时，还应进行资助事业完了或废止后该课题实际成果的报告（报告书中的"研究成果概要"会在国立情报学研究所的网页上公开）。① 各省各厅的主管官员，通过资助事业者提交的报告，认定该人没有遵循资助金交付决定或者相应附加条件时，各省各厅的主管官员可以命令研究者和研究参与者临时停止实施该资助事业②，当认定该报告书上的资助事业成果不符合资助金交付决定及其附加条件时，也可以命令该资助事业者采用相应的措施，以确保该资助事业符合前记内容或条件。③

　　各省各厅的主管官员，还必须在接到与资助事业的结束或者废止有关的成果报告时，通过对报告书的资料审查以及必要时进行的实地调

---

　　①　见《资助条件》5 - 2。
　　②　见《合理化的法律》第 13 条。
　　③　见《合理化的法律》第 16 条。

查，调查该报告书上的成果是否符合资助金交付决定的内容以及其附加条件，符合时，确定应交付资助金的金额，并通知该资助事业者。①

基础研究、青年研究项目、研究活动启动支持以及学术创成研究的研究代表者通过资助金进行的研究，在得到科研成果后，需在研究计划最终年度后一年的 6 月 20 日至 6 月 30 日之间按照样式 C – 19 填写《研究成果报告书》提交至日本学术振兴会。不能在上述期限内将研究成果整理并提交的，需按要求填写相应的申请书至日本学术振兴会，并在研究成果整理完成后，立即将上述报告书交至日本学术振兴会（该报告书将在国立情报学研究所的网站上公开）。② 研究计划最终年度前年度的申请课题被批准的研究代表者，需将最终年度研究课题的研究成果整理后立即按照样式 C – 19 填写《研究成果报告书》并交至日本学术振兴会（提交期限原则上为取消的研究课题最终年度下一年的 6 月 30 日之前，该报告书将在国立情报学研究所的网站上公开）。③

除此之外，研究代表者在 2011 年 5 月 31 日之前（资助事业废止的，在废止之日起的 30 日内），需按填写报告，向日本学术振兴会报告至资助事业废止时该课题的研究情况（报告书中的"研究情况概要"会在国立情报学研究所的网站上公开）。另外，在资助事业延长的同时，在下一年度要使用资助金的研究代表者，需在资助事业开始的年度结束向日本学术振兴会进行成果报告的同时，还应进行资助事业完了或废止后前项课题实际成果的报告（报告书中"研究成果概要"会在国立情报学研究所的网页上公开）。

提交相关的业绩报告乃是相关主体的一项义务，违反法令没有提交资助事业成果报告的人，应被处以 3 万日元以下的罚金。

各省各厅的主管官员，在接到与资助事业的结束或者废止有关的资助事业的成果报告，认定该报告书上的资助事业的成果，不符合资助金交付决定的内容以及其附加条件的时候，可以命令该资助事业者采用应该采用的措施，使该资助事业符合前记内容或条件。④

---

① 见《合理化的法律》第 15 条。
② 见《资助条件》7 – 1。
③ 见《资助条件》7 – 2。
④ 见《合理化的法律》第 16 条。

（五）研究成果的管理

利用资助经费展开的资助项目在开展以及完成的过程中，通常会取得一定的研究成果，即研究代表者及研究参与者在发表资助事业的成果时，需表明该成果为科学研究费资助金资助下研究所得到的成果。① 按照文部科学省以及学术振兴会的相关规定，取得的研究成果需要在一定范围内按照一定的方式方法进行公布，以验证资助项目的实施效果并接受公众的监督，即研究代表者及研究参与者在发表资助事业的成果时，需表明该成果为科学研究费资助金资助下研究所得到的成果。而且研究代表者资助事业的成果在报纸、书籍、杂志等发表或在取得特别许可时，每次均需按照样式 C－24 填写《研究成果发表报告书》或按照规定样式填写申请书，并提交至日本学术振兴会。② 而文部科学大臣，可以在科学研究业绩报告书上将研究经过的全部或一部分用印刷或其他方法进行公开。也可以将研究成功报告书的全部或一部分，用印刷或其他方法进行公布。③

研究成果的管理很重要的一个方面是项目评价。对于研究项目进行全面细致的评价，乃是学术振兴会项目资助制度一个非常突出的部分，而且目前其具体规定极具可操作性，是值得我国加以借鉴的。但是由于本部分的内容相对繁杂，所以出于篇章结构的考虑留在下一章专门加以介绍。

除了上述的内容之外，日本学术振兴会的项目资助管理制度中还有很多比较有特色的规定是值得我们借鉴的。

第一，账簿管理制度。按照《操作规程》第 14 条的规定，资助金接受者，必须准备资助金收支账簿，整理发票等关系资料，而且必须将这些账簿以及资料自接受资助金交付年度结束起保管 5 年。

第二，会计调查制度。按照《操作规程》第 15 条的规定，文部科学大臣认为有必要时，可以对资助金接受者接受的资助金会计事务，进行调查、指导或要求报告。

---

① 见《资助条件》8－1。
② 见《资助条件》8。
③ 见《操作规程》第 17 条。

　　第三，科学研究状况调查制度。按照《操作规程》第 16 条的规定，文部科学大臣认为有必要时，可以要求资助金接受者提交科学研究等情况报告书，也可以调查科学研究的情况。

　　第四，设备、收入以及利息的处理制度。按照《资助条件》的规定，研究代表者及研究参与者由直接经费购入的设备等，购入后立即（如购入后立即捐赠会造成研究困难且为未满 5 万日元的图书，可在合适时间再捐赠）捐赠与研究代表者或研究参与者所属的研究机构。如果立即捐赠会给研究造成不便，研究代表者应按照样式 C - 15 填写申请书进行申请，在日本学术振兴会同意后，方可执行；研究代表者及研究参与者需将直接经费产生的利息用于完成资助事业或转让给所属的研究机构；如研究代表者及研究参与者在提交实际成果报告书后发生了与资助事业相关联的收入应返还日本学术振兴会；不允许在资助事业的研究活动中有不正当的行为出现（发表的研究成果中的数据或研究结果的捏造、篡改以及盗用）或与不正当的行为相关联；研究代表者及研究参与者进行研究计划中如有与需要征得全社会同意的研究，必须使用个人信息的研究，与生命伦理、安全对策相关的研究等相关的法令，且该研究需在遵守该法令的基础上方能完成，则研究代表者及研究参与者须在遵守该研究相关法令的基础上进行研究活动；研究代表者及研究参与者需建立与资助金收支相关的账簿，将收据、证明等加以整理，且该账簿以及上述证明材料需在资助金交付年度后 5 年内妥善保管。

第三章

日本学术振兴会的项目评价法律制度

一 项目评价①概述

对资助项目的评价乃是健全与完善的资助制度不可缺少的重要组成部分之一，为此，文部科学省制定《文部科学省关于研究和开发的评价指针》②（以下简称《指针》）。该指针以研究开发措施、研究开发课题、研究开发机关、研究者的业绩为评价对象，以使用国家资金进行全面研究开发为研究开发范围。③

通过评价，可以提高以贵重的资助财源为基础所进行的研究开发的质量，并在将其成果回馈给国民等方面担负着重要的作用。通过评价可以有效地推动新学问或研究领域的研究开发、有世界水平的研究开发，能够对社会、经济的发展作出贡献的开发等优秀的研究开发。④ 而系统完善的评价，也应围绕以下目的展开⑤：

---

① 项目评价是振兴会项目实施和管理制度中的重要一环。我们在上一章三（五）中作了一般性介绍，本章单独作为一个问题详细阐释。日本学术振兴会的评价制度与我国《国家自然科学基金条例》中的第三章申请与评审、第四章资助与实施、第五章监督与管理中的部分制度对应，包含了其中的评审、评估、审查等措施，但要比该条例中的规定丰富得多，无法用其中的一个词汇代替振兴会的项目评价制度，故本书仍保留使用"项目评价"一词。

② "文部科学省における研究及び開発に関する評価指針"，2009 年（平成 21 年）2 月 17 日。《文部科学省关于研究和开发的评价指针》是日本学术振兴会的主管机关指定的资助评价制度，因为其规定十分详尽，学术振兴会已无必要另行规定相应制度。所以，该指针是学术振兴会资助评价制度的当然法律渊源。也正因为这一点，本章主要以该指针内容介绍日本学术振兴会的资助评价制度。

③ 见《指针》1.2。

④ 见《指针》1.1。

⑤ 同上。

（1）奖励进行创造性挑战的研究者，积极地发现、强化以及培养优秀的研究开发。

（2）建立可以充分发挥研究者的创造性的、富有弹性并具有竞争性的开放型研究开发环境。

（3）包括对社会的影响在内从广泛的视角出发，对实施的研究开发措施是否得当进行恰当的判断，并有助于形成更加完善的措施。

（4）通过积极地公开评价结果，提高研究开发活动的透明度，履行关于使用国家经费进行研究开发的说明义务，争取广大国民的理解与支持。

（5）首先，通过公正地反映评价结果，实施的研究开发措施是否得当，实现对预算、人才等资源的有重点、有效的分配，争取对有限资源有效的利用。其次，通过对现存活动的再检讨，力争扩大新研究开发项目。

同时，《指针》十分重视评价体系的构建以及充分发挥评价者的能动作用，并力图避免因评价而产生过度的负担以实施具有世界水准的项目评价。

1. 评价体系的构建

因为文部科学省所主管的研究开发，从大学的学术研究，到研究开发法人，为实现特定的政策目的而进行的大规模研究项目是多种多样的。因此文部科学省内部的部、局以及研究开发机关，应构建对评价的意义理解深刻，适应各种各样的研究开发特性的评价体系。文部科学省内部的部、局以及研究开发机关，从确保评价体系公平运用以及对其进行完善的视角出发，应切实地增强并充实评价体系所需的预算、人才等必要的资源，应收集并保存有关评价的必要信息和数据，这将有助于提高评价质量。并且还应该通过积极听取评价者以及被评价者对评价的应用形式的意见等方式，及时对评价进行检验，积极提高评价的质量以及完善评价体系。并且在进行评价体系构建时，应该充分认识到项目的评价是进行研究开发的计划方案或切实实施研究开发的十分重要的手段，同时，要注意评价机制相互之间的有机协调与灵活运用。此时，各层次上进行的评价是否严格地遵循指针的规定，是否存在无用的或形式上的评价，评价实施主体、评价者与被评价者之间是否进行了充分的意见交流等，应作为必要的检验视点。①

2. 避免产生过重的负担

在实施项目评价的过程中，为了实现评价的有效性，应注意不要因为评价所带来的工作负担过重，而使研究开发活动产生障碍。评价实施主体对应评价的目的以及评价对象，复数的评价主体对同一个评价对象从各自不同的目的进行评价时，或在研究开发的课题、措施、机关这样的层次构成中进行复数的评价时，为了避免重复，应尽可能利用已经进行评价过的结果。② 进行对应研究开发课题的特性或规模，在恰当的范围内尽可能地简化评价等行为，在使评价目的、宗旨更加明确的基础上，区分出评价必要性高的部分，使评价活动更加高效，具体体现如下：

（1）对于萌芽期研究、较小规模研究、在大学进行的以基础经费为财源的基础性研究，除认为有特别必要外，可以用提交实施报告书代替评价。此时，还应通过对下一阶段的研究的事先评价等方式，避免遗漏优秀的研究开发。

（2）外部评定对评价者和被评价者都会带来很大的负担，因此对于小规模的研究开发，包括实施外部评价的必要性在内，应该事前对评价方法进行充分的研讨。

（3）作为评价对象的研究开发课题的经费较少时，实施电子邮件评价或限定评价项目。

（4）简化评价方法时，评价实施主体应从确保公正与透明的角度，展示其理由。

（5）评价实施主体，应充分明确评价的目的、作用，评价体系存在重复时，努力通过统合、简化，实现评价体系的合理化。

（6）应通过尽可能统一的评价文书，来节省评价工作量。另外，文部科学省内部部局以及研究开发机关等，应从有效、高效地实施外部评价的视点出发，事前积极整理与自己的研究开发切实有关的资料。③

---

① 见《指针》1.3。

② 见《指针》1.5。

③ 同上。

3. 评价人才的确保以及数据库的构建

为了保障项目评价的效果，文部科学省加强了对于项目评价人才培养以及数据库建设的工作，因此，《指针》规定：文部科学省内部部局以及研究开发机关，应加深对研究者评价的认识，从努力提高评价质量的视角出发，通过让包括年轻的研究者或海外研究者在内的多种身份的研究者成为评价者，使其积极地参加评价工作，来努力加大评价者的深度、广度。文部科学省内部部局以及研究开发机关，为了实行评价业务的效率化，在明确每个研究开发课题的目的以及领域区分的同时，构建收录研究者（包括业绩）、资金（制度、金额）、研究开发成果（论文、专利等）、评价者、评价结果（评价意见等）的数据库，活用该数据库，并且向该数据库提供信息。

4. 追踪调查

除了上述的内容之外，为了保证项目评价指针具有适时的指导性，文部科学省还规定有项目追踪调查方面的内容，即：

（1）文部科学省内部部局，对文部科学省管辖的研究开发评价的实施状况进行追踪调查，并努力把握。参照追踪调查的结果或国内外的动向，进行本指针的重新研讨。

（2）研究开发制度以及进行研究开发的机构的主管部局，在所管制度、机构的评价方面，为了能够进行检点、查验评价方法、提高评价的质量，有效果且高效地进行切实的评价，应该努力改善评价的应有状态。此时，如果有必要，对主管机关也可以提出适当的意见。主管部局还应就包括有关评价者的信息在内，向评价推进部局提供评价结果。

（3）评价推进部局，汇总从制度及机构主管部局提出的评价结果，对制度及机构主管部局提出意见的同时，对全体评价体系进行重新研讨。在力争构建数据库的同时，为了构建有效、高效的评价体系，应采取培养和确保评价者或参与评价业务的人的措施。①

二 具体评价事项

《指针》不仅从宏观角度对于项目评价的事项进行了规定，而且还

---

① 见《指针》第4章。

从微观的角度对于各个评价项目进行了全面细致的规定，包括研究开发措施的评价、研究开发课题的评价、研究开发机关的评价等内容，实用性很强。

（一）研究开发措施的评价

1. 评价目的

研究开发措施（研究开发措施是指，运行复数的研究开发课题的措施或对应竞争性资金制度等，为实现研究开发政策上特定的目的或目标，设置推进方针或者战略、计划、实施手段的体系，而进行的措施）的评价的目的是，文部科学省内部部局以及研究开发法人[①]，以该措施或制度为对象，通过对每个被设定目标的措施实施评价，评断实施是否妥当，同时有助于研究开发质量的提高以及改善运行、再研讨计划等事项。[②]

2. 评价者选任

评价准则的确立对于项目评价工作的开展固然是十分重要的，但是不容忽视的是选择合适的评价者对于评价效果的保证亦是不可或缺的。因此，《指针》对于评价者的选任有着十分细致的规定。

首先，评价实施主体，应充分考虑通过让当选的评价者了解评价的目的以及方法等内容，以及相互研讨等方式，让当选的评价者能够形成对评价的共同认识。

且为了能以广泛的视野，将围绕研究开发的诸多信息进行评价，其评价的展开原则上以外部专家作为评价者。此外，如有必要还可以有效地利用第三者评价。

其次，从国家安全保障或确保国民安全的角度出发，有保护机密的必要时，也可以不以上述方法，进行适当的评价。

评价者的评价包括，从独创性、更新性、先行性、发展性等角度，进行科学性与技术性方面的评价（从科学性与技术性的观点进行的评价），与对提高包括文化、环境等在内的国民生活质量作出贡献，或以

---

① 包括学术振兴会。
② 见《指针》2.1.1。

成果的产业化等对社会、经济作出贡献（从社会性与经济性方面的观点进行的评价）等方面进行的评价。由此可见，对评价者要求的能力因评价的不同而不同。因此在选任评价者时，评价实施主体，应针对评价的对象、目的，从不同的角度出发选任合适的评价者。而且，在进行科学性与技术性方面的评价时，应以与评价对象所在研究开发领域相关的研究者为评价者。在进行社会性与经济性方面的评价时，应增加这样几类评价者：与评价对象不同的研究开发领域中的研究者，享受成果的产业界、人文、社会科学领域中的专业人才，研究开发成果产业化、市场化方面的专家，能够从一般的立场陈述意见的人，或者能够分享延伸效果、费用与效果比对的专家。

评价实施主体还应注意以下的事项：

（1）评价实施主体为了充分确保评价的客观性，以及从多种多样的角度、视点进行评价，比如充分考虑年龄、所属机关、性别等，对应每个研究开发活动的宗旨，从包括年轻研究者或海外研究者、产业界的专家等在内，广泛地选任评价者。此外，为了能够从国际竞争、国际合作的观点或者研究开发水准的国际比较等观点出发进行评价，在必要时，通过电子邮件评价等方式，寻求海外研究者参加评价活动。

（2）从进行公正、透明的评价观点出发，原则上利害关系者不得参加评价。此时，应对应每个研究开发措施的宗旨或性格，事先明确利害关系的范围。在不得已，无法完全排除有利害关系悬念的人时，在明确其理由的同时，必须力图确保该评价者评价的公平性，以及评价的透明性。①

3. 评价实施时期

在进行项目评价的过程中，为了保证各个阶段评价效果，《指针》将项目评价分为四个阶段，即事前评价、事中评价、事后评价以及追踪评价。

（1）事前评价

事前评价，应立足于对研究开发实施策略进行评价的观点，考虑与上级政策和关联政策间的定位关系，以及课题的目的、目标、实施策略

---

① 见《指针》2.1.3。

所涉及的范围。事关实现这些的路径和方法，需重视重新审视循环型的实施策略以及进行信息收集体制的妥当性等方面，来具体确定评价项目、评价基准，并从与类似的实施策略和没能实施该策略的情况进行比较的视点出发，实施评价。①

（2）事中评价②

此外，研究开发措施没有规定实施期间时，以每 5 年为基准，在切实把握形势的变化或目标达成状况的基础上，为确认是否需要进行包括提高研究开发质量、改善运行、中断或中止在内的计划变更，而实施事中评价。

（3）事后评价

研究开发措施结束时，为能够将其活用于以后措施的开展，实施事后评价。为了能够使该研究开发措施的成果等与其后的措施衔接，在必要的时候，事后评价可以在措施结束前实施，并将其评价结果有效地利用于其后的措施计划方案等。

（4）追踪评价

研究开发措施结束以后，经过一定的时间，实施追踪评价。为使追踪评价能够有助于更加良好的研究开发措施的形成，追踪评价应切实把握：学界的评价和实际应用情况、以研究开发为契机所产生的创新和创造的社会价值，以及在开发、建设大型研究设施的时候，该设施的运作、利用情况等。另外，还要注意在检验成果的延伸效果或派生效果的同时，检验已经实施过的评价的妥当性。而且，追踪评价的实施对象，应对应于研究开发措施的特点，从国家投入资金巨大程度、是否属于重点发展领域上的措施、取得成果需要花费的时间等，选择主要措施进行追踪评价。

事中、事后、追踪评价应以把握措施实施带来的实际业绩为中心而进行。评价的观点以及评价项目、评价基准与事前评价相同，但是还应该从期待成果与实际业绩的比较（达成度评价）、基于评价基准比对实际业绩的多寡（价值评价）、为提高措施效率而进行的修改方案（评测

---

① 见《指针》2.1.5.5。
② 事中评价因为时间所指研究开发措施整个实施期间，加之与其前后对应的是事前评价和事后评价，所以不能简单理解为中期评价。

评价）等观点出发，实施评价。①

4. 评价方法

评价实施主体，为确保评价的公正以及可信赖性并实施具有时效性的评价，应根据评价对象和评价目的，明确并具体设定评价方法（评价的观点、评价项目、评价基准、评价手段、评价过程、评价手续等）。而且，评价实施主体，应随着科学技术的迅猛发展、社会或经济形势的变化等，围绕该研究开发的状况，重新研讨评价方法。②

从评价前的调查分析法到评价方法自身存在着多种多样的手法，因此应针对评价对象、时期、评价目的以及能够获得的信息等，选择适当的调查、分析以及评价手法。今后在评价中，通过为了提高评价的信赖性，继续充实不断增长的评价前的调查分析，对作为判断根据的客观、定量的数据进行有组织的收集、分析等方式，以求提高其质量。此外，目前，应从现在能够获得的手法中选择合适的手法，但是今后需要谋求评定手法的开发、改良以及评价的高度化。③

此时，应从确保评价客观性的观点出发，力争使用通过具体的指标、数值进行评价的手法。

第一，评价实施主体，应根据评价对象的特殊性和评价目的的不同，设定一些具体的评价方法，如前所述，包括评价的观点、评价项目、评价基准、评价手段、评价过程、评价手续等。

第二，评价实施主体，应考虑到科学技术日新月异地发展进步、社会或经济形势总在不断地变化演进等，围绕该研究开发的状况，重新研讨评价方法。

第三，应从该研究开发措施的定位，措施设定理由上的重要性、紧急性等（必要性），该措施的目的或目标、措施负担范围等方面的有效性（有效性），该措施的实施方法、体制、措施重新研讨方法等方面的效率性（效率性）等视角出发，进行评价。

第四，评价实施主体，应针对研究实施措施的性质、内容、规模等，从必要性、有效性、效率性等措施评价观点出发，设定恰当的评价

---

① 见《指针》2.1.5.5。
② 见《指针》2.1.5.1。
③ 见《指针》2.1.5.5。

项目。

此外，以下观点应成为评价项目所考虑的因素。

①必要性的观点

科学技术意义（独创性、革新性、先驱性、发展性等），社会经济意义［产业、经济活动的活性化、高度化，国际竞争力的提高，知识产权的取得、有效利用，创造社会价值（安全、安心的精神富有的社会等）等］、使用国家资金进行研究开发的意义（对国家或社会的需要的适宜性，对机关设置目的或研究目的的适宜性，国家参与的必要性、紧急性，与其他国家的先进研究比较上的妥当性等），以及其他对确保国家利益的贡献，对政策、措施的企划、实施的贡献等。

②有效性的观点

对创出新知识的贡献，对研究开发质量提高的贡献，对实用化、事业化的贡献，对行政措施的贡献，对培养人才、整备知识性基础的贡献，（有希望获得的）直接成果的内容、（有希望获得的）效果或延伸效果的内容等。

③效率性的观点

计划、实施体系的妥当性，提高实现目标、达成管理的方法的妥当性，费用构成或提高费用效果的方法的妥当性，研究开发的手段或研究方法的妥当性，措施重新研讨的方法的妥当性。

5. **注意事项①**

当然，在展开评价时亦需考虑到评价当时的注意事项，包括评价活动的连续性、长期性以及方法的适当性等方面。

（1）评价活动的连续性。评价实施主体，包括过去进行评价的评价者在内等，应努力争取已有评价观点的继承，以确保连续性。

（2）对基础研究而言，不一定能够在短期之内看见其成果，有很多时候是经过长时间后能够引导出意想不到的发展。为此，评价实施主体应该注意不要陷入从统一性的、短期性的观点出发，作急功近利的评价。

（3）对于实验调查等承担研究开发基础整备作用的措施，应根据

———————————

① 见《指针》2.1.6。

其各自的特性采用合适的评价方法。

6. 评价结果使用①

评价的目的不仅在于对项目的实施效果展开测评，重要的是还要充分利用评价的结果，确定使评价结果能够切实反映到提高研究开发的质量或者对研究运行的改善、重新研讨、修改计划等方面有积极的推进作用。为此，事前具体明确评价目的以及有效利用的方法，将评价结果切实地反映于措施的企划或资源分配等方面，并借此争取研究开发质量的提高以及资源的有效利用，对评价研究开发措施而言非常重要。如何使评价结果具体有效地利用，根据不同评价时期，有如下表现：

（1）在事前评价中，在实施措施是否妥当，计划变更、优秀研究开发体制的构建、明确研究者或研究代表者的责任等方面，给予纠正和指导。

（2）在事中评价中，为了使研究开发进一步地发展，在检验进展程度与目标管理，继续、中止，方向转换，研究开发质量提高，机关运行改善等方面，进行必要的建议。特别是对急速进展的研究开发，应建议灵活地变更研究计划。

（3）在事后评价中，确认计划的目的或目标的达成情况，使研究者或研究代表者的责任明确化并对国民作出说明，评价结果的数据库化以及在其后评价中的有效利用，下一阶段研究开发的计划、实施，后续政策和实施办法的有效利用，研究开发管理的高度化、机关运转的改善等。

评价实施主体，对应评价结果，为了能够让研究者的研究开发进一步发展，并取得更多的成果，而进行事后评价的同时，研究开发实施、推进主体，通过必要时有效地利用事后评价等行为，积极构建因某一制度产生的研究成果能够有效地运用于下一制度上的体系。

（4）在追踪评价中，就研究开发的效果、效用（成果）或延伸效果（影响），对国民加以说明，形成下一阶段中政策、措施的有效利用，改善研究开发机关的管理等。

评价实施主体，原则上应该将评价结果予以公开，并通知对企划研

---

① 见《指针》2.1.7。

究开发措施负有责任的部门，以及对资源分配等负有责任的部门。此外，应留意评价结果可能对其他的评价也有效，必要时应通知相关部门。这些相关部门，应对接到的评价结果进行研讨，并切实反映到研究开发措施或机关运行的改善、资源分配等方面上。而且，文部科学省内部部局以及研究开发法人等，应公布包括研讨结果或反映状况在内的信息。公布评价结果之前，对个人信息以及知识产权的保护等必要的限制事项进行充分的考虑。此外，评价结果的公布，既是对国民履行说明义务，又能够确保评价的公正以及透明，并在社会或产业上有效地利用研究成果提供帮助，因此应通过利用网络等方式，以易懂、易利用的形式进行公布。此时，通过明确评价的目的或前提条件等方式，应充分顾及明确、正确地传播评价结果。从明确评价者对评价内容的责任，以及确保评价的公正与透明的视点出发，评价者名单也应公布。

（二）　研究开发课题的评价

1. 竞争性资金研究开发课题的评价

（1）评价目的

评价竞争性资金的研究开发课题（基于竞争性资金的研究开发课题是指，为实现竞争性资金制度等上一级制度的目的，通过公开招标竞争，从复数的候选人中选出优秀者，并让其实施课题）。目的是通过文部科学省内部部局以及研究开发法人等，在竞争性资金制度下实施评价活动，评断是否采用课题，同时有助于研究开发质量的提高以及改善研究活动运行、再研讨计划等事项。①

（2）评价者②

评价实施主体，为了提高评价的公平性，并以广泛的视野，将围绕研究开发的诸多信息、形势囊括进评价中，应以外部的专家等作为评价者实施外部评价。若是从国家安全保障或确保国民安全的角度出发，有保护机密的必要时，可以不以上述方法，进行适当的评价。

另外，评价者的评价包括，从独创性、更新性、先行性、发展性等

---

① 见《指针》2.2.1.1。
② 见《指针》2.2.1.3。

科学性与技术性方面进行评价（从科学性与技术性的观点进行的评价），与提高包括文化、环境等在内的国民生活质量作出贡献，或成果的产业化等对社会、经济作出贡献（从社会性与经济性方面的观点进行的评价）方面进行的评价。由此可见，对评价者要求的能力因评价的不同而不同。因此在选任评价者时，评价实施主体，应针对评价的对象、目的，从不同的视角出发选任合适的评价者。具体而言：

其一，在进行科学性与技术性方面的评价时，应以评价对象所在研究开发领域和与此相关领域中的研究者为评价者；其二，在进行社会性与经济性方面的评价时，应增加与评价对象不同的研究开发领域中的研究者，享受成果的产业界、人文、社会科学领域中的专业人才，研究开发成果产业化、市场化方面的专家，能够从一般的立场陈述意见的人，或者能够分享延伸效果、费用与效果比对的专家；其三，评价实施主体，应充分考虑通过让当选的评价者了解评价的目的以及方法等内容，以及相互研讨等方式，让当选的评价者能够形成对评价的共同认识；其四，评价实施主体为了充分确保评价的客观性，以及从多种多样的角度、视点谨慎评价，比如充分考虑年龄、所属机关、性别等，对应每个研究开发活动的宗旨，从包括年轻研究者或海外研究者、产业界的专家在内，广泛地选任评价者。此外，为了能够从国际竞争、合作的观点或者研究开发水准的国际比较的观点充分进行评价，在必要时，通过电子邮件评价等方式，寻求海外研究者参加评价活动。

此外，需要注意的是，为了防止评价者固定化，要对评价者明确设定一定的任期，原则上利害关系者不得参加评价，同时为了不给被评价者带来不利，要求评价者严守评价内容的秘密。

（3）评价的实施时期

对于竞争性资金的研究开发课题的评价也分为事前评价、事中评价、事后评价和追踪评价四个阶段。

第一，评价实施主体，研究开发措施开始前，对照竞争性资金制度的目的，应切实地把握实施的必要性、目标或计划的妥当性等，为决定预算等资源分配，实施事前评价（审查）。

第二，研究开发措施结束时，为能够把握目标的达成状况或成果，或用于以后措施的开展，实施事后评价。

对于有望取得优秀的研究成果而且有发展前景的研究开发课题而言，重要的是通过提供次期竞争性资金（包括使用不同的竞争性资金制度）等，使研究开发不出现间断。为此，事后评价应该对应研究开发的特性或发展阶段，在研究开发结束前的适当时期提前进行评价，其评价结果也应有效地利用于次期申请时的事前评价。

此外，研究开发课题的实施期时间非常长的时候，应以每3年为基准，在切实把握形势的变化或目标达成状况的基础上，为确认是否需要进行包括提高研究开发质量、改善运行、中断或中止在内的计划变更，而实施事中评价。但是，对研究开发课题的实施期间为5年左右，研究开发结束前已经预定实施事后评价的课题而言，对应课题的性质、内容、规模等，在没有对研究开发计划等作出重大的变更时，评价实施主体通过每年的实际业绩报告等进行适当的运作管理，并不一定需要实施事中评价。

第三，研究开发课题结束以后，经过一定的时间后，实施追踪评价。追踪评价应切实把握在学界的评价或实用化状况，及以研究开发为契机创出的新技术或创造的社会价值等成果的延伸效果或派生效果的同时，检验已经实施过的评价的妥当性，使其成果能够有效地用于次期课题的研讨或改善评价活动方面上去。而且，追踪评价的实施对象，应对应于研究开发措施的特点，从国家投入资金巨大、重点发展领域上的措施、取得成果需要花费时间的措施等主要的措施中选出。

另外，需要注意的是进行这些系列评价时，在研究开发课题招标开始之前，决定并公布事前评价、事中评价、事后评价的实施时期、目的、方法，以及有效利用以前实施的评价结果的方策等，并通过将这些事项的有机协作，使评价具有连续性与一贯性。并且为确保透明性与专业性，在实施这些评价的过程中如有必要，应考虑有效地利用民间等外部机构。

（4）评价方法①

评价实施主体，为确保评价的公正以及可信赖性并实施具有时效性的评价，应根据评价对象以及目的要求，明确并具体设定、选定评价方

---

① 见《指针》2.2.1.5。

法（评价手法、评价的观点、评价项目、评价基准、评价过程、评价手续等），并事先将其通知给被评价者以及可能成为评价者的人。而且为了应对科学技术的迅猛发展、社会或经济形势的变化等，围绕该研究开发的状况，需要适时地重新研讨评价方法。作为代表性的评价手法有：由该领域的研究者进行研讨，以及由包括产业界或经济、社会领域的专家等在内的专家评价。而且还表现在明确相互评价的评价结果的比较，以及存在使复数的事业间进行比较成为可能的评点法，还包括多种可以向研究者研讨等提供客观信息，能够提高研讨质量的定量分析的手法。评价实施主体应该从该研究开发课题的重要性、紧急性等（必要性），该课题成果的有效性，该课题的实施方法、体制的效率性等视角充分检讨这些评价手法，对应研究开发的特性或规模，并以作为评价对象的研究开发的世界水准，对应评价对象或目的，灵活地设定最适当的评价手法。

　　评价实施主体，应针对研究开发课题的性质、内容、规模等，从必要性、有效性、效率性等观点，设定适当的评价项目。研究者进行研究开发时经常关注同社会的联系，是非常重要的，因此对于有些开发研究而言，应该注意更多地从人文、社会科学的视角充分地评价［包括切实地考虑在与社会关系方面发生的伦理、法律、社会性课题（ELSI）］，通过评价谋求研究开发的进步或质量的提高也是非常重要的，因此为了避免出现超过必要限度的管理或者打击研究者开发下去的积极性，评价时顾及研究者研究课题的困难度也非常重要。此外，评价项目应考虑以下各项：

　　首先，科学技术意义（独创性、革新性、先驱性、发展性等），社会经济意义［产业、经济活动的活性化、高度化，国际竞争力的提高，知识产权的取得、有效利用，创造社会价值（安全、安心的，精神富有的社会等）等］、使用国家资金进行研究开发的意义（对国家或社会的需要的适宜性，对机关设置目的或研究目的的适宜性，国家参与的必要性、紧急性，与其他国家的先进研究比较上的妥当性等）等。

　　其次，对创出新知识的贡献，对研究开发质量提高的贡献，对实用化、事业化的贡献，对国际标准会的贡献，对行政措施的贡献，对培养人才、整备知识性基础的贡献，（有希望获得的）直接成果的内容，

（有希望获得的）效果或延伸效果的内容等。

最后，计划和实施体制的妥当性，目标和实现管理的妥当性，提高费用构造、费用效果方案的妥当性，研究开发的手段或研究方法的妥当性等。

（5）评价的实施

评价实施主体，应该遵循设定选定的评价手法、评价观点、评价项目、评价基准实施评价。

进行事前评价（审查）时，通过充实申请书的样式或重新研讨审查基准等方法，进行重视申请课题的实质内容与实施能力的审查，对于没有被采纳经历或被采纳经历很少的研究者（年轻、产业界的研究者等），应将评价重点放在研究内容或研究计划上，给予他们适当的研究开发机会。此外，应尊重少数意见，并确实注意不要错失全新的构想或有创造性的申请课题；在支持基础研究的竞争性资金方面，基于研究者全新的构想进行的研究有失败的可能性，但在推动能够产生具有高度革新性成果的研究时，要进行研究计划的资料审查，彻底辨清研究者的构想的独创性或可能性。为此，分配机关设定适当的审查基准，有必要按照制度的宗旨，以自己的责任与判断，在选定课题的审查方法上下工夫；对于团体研究开发，也要对研究参加者的职务分配或活动情况、实施体制、责任体制的明确性（包括研究代表者的责任）进行评价。

为了确保评价体系的透明性，并有助于提高研究者的企划研究计划方案的能力，应重视从培养研究者出发的观点，今后积极推动适当公布评价过程和评价结果的工作。特别是通过将评价结果尽可能详细地通知被评价者，谋求研究计划的充实或改善的同时，以期有助于提高研究者（特别是年轻研究者）的演示能力等。

另外，在事中、事后评价等方面，以对事前设定的目标的实现情况的评价为基础，但是与此同时还要从广泛的视角出发，把握实施程序的妥当性和附属性的成果的产生，增进理解，强化研究基础，以及该研究对培养承担未来责任的年轻研究生有怎样的贡献等。从包括失败在内的研究过程或研究外的事态中得出的知识、见识，研究者的研究热情、活力，发展可能性等也要充分予以考虑。且为了不使被评价者过低地设定当初的目标，应顾及对有重要意义的课题进行挑战的研究者的态度。评价实施主体，进行实质判断的基础是评价者的见识。

此外，从确保评价的客观性的观点出发，对应评价对象或目的，有时候利用论文被引用度或为取得专利而采取的措施等数量性的信息、数据等作为评价的参考资料，虽然很有用，但是如果轻易地将数量性的信息、数据等作为评价指标，就可能引起错误的评价，进而扭曲被评价者健全的研究活动，因此应慎重地利用这些。特别是以刊载论文被引用数位基础测试杂志影响力的指标，作为影响系数被使用时，应意识到其并非显示刊载论文质量的指标，对其利用时应予充分的注意。并且为了促进被评价者积极参与评价，并推进评价高效地实施，根据研究开发的特性或规模，被评价者应努力在研究开发课题的计划阶段，明示明确的目标以及对该目标已经达成状况的评定指标等，在课题实施中，随时对目标达成状况或问题点，今后的发展可能性等进行自我检点、查验、评价，而评价者应将该内容有效地利用于评价中。

（6）对评价的注意事项①

评价实施主体在实施评价的过程中，需要注意以下的事项：

第一，应争取评价观点的继承，以确保连续性。

第二，总括管理一系列的评价信息。

第三，应该从评价内容的充实，研究开发活动的有效、高效的推进，以及培养评价者与被评价者的信赖关系的视角出发，尽可能确保评价者与被评价者在评价过程中有交换意见的机会。此时，应充分顾及不要损害评价的公平与透明性。

第四，对基础研究而言，不要从划一性的、短期性的观点出发，陷入急功近利的成果期待的评价。

第五，对于实验调查等承担研究开发基础整备作用的措施，应根据其各自的特性采用合适的评价方法。

（7）评价结果的处理②

对通过投标从候选复数提案中选定符合制度等目的的研究开发课题，实施课题，并进行评价的同时，评价结果应切实地反映到提高研究开发的质量或改善运行、重新评估计划等方面，此外还必须确立这样的

---

① 见《指针》2.2.1.6。

② 见《指针》2.2.1.7。

循环过程，即将从对课题评价中得出的信息进行汇总、分析，有效地利用于制度的评价。

为此，对于竞争性资金制度等研究开发课题的评价而言，事前具体明确评价目的以及有效利用的方法、将评价结果切实地反映于措施的计划或资源分配等方面，并借此争取研究开发质量的提高以及资源的有效利用，是非常重要的。作为评价结果具体有效利用实例，以评价时期区分，如下所示：

第一，在事前评价（审查）中，确定课题是否予以采纳、计划变更、优秀研究开发体制的构建、研究者或研究代表者的责任明确化等；

第二，在事中评价中，检验进展程度与目标管理、继续、中止、方向转换、研究开发质量提高、机关运行改善，激励研究者的热情等；

第三，在事后评价中，确认达成计划的目的或目标的程度，研究者或研究代表者责任的明确化，对国民的说明、评价结果的数据库化以及在其后评价中的有效利用，下一阶段研究开发的计划、实施，形成下一政策措施中的有效利用，研究开发管理的高度化，机关运行的改善等；

第四，在追踪评价中，确认效果、效用（成果）或延伸效果（影响）、对国民的说明、形成下一政策、措施中的有效利用、研究开发管理的高度化等。

另外，在事中评价中，为了使研究开发进一步的发展，进行必要的建议。特别是对急速进展的研究开发，应建议灵活地变更研究计划。

而且，为了能够让研究者的研究开发进一步发展，并取得更多的成果而进行事后评价的同时，研究开发实施、推进主体，必要时通过有效地利用事后评价等行为，积极构建使某一制度产生的研究成果能够有效地用于下一制度上的体系。

对于评价的结果原则上要予以公开，并使对计划研究开发措施负有责任的部门，以及对资源分配等负有责任的部门周知。此外，应留意评价结果可能对其他的评价也有效，有必要时应通知相关部门。这些相关部门，应对接到的评价结果进行研讨，并切实地反映到研究开发措施或机关运行的改善、资源分配等方面上去。而且，文部科学省内部部局以及研究开发法人等，应公布包括研讨结果或反映状况在内的信息。评价实施主体在公布评价结果之前，应对个人信息以及知识产权的保护等必要的限制事项进行充分的考虑。此外，评价结果的公布，既是对国民履行说明义务，又能够确保评价的公正与透明，并在社会或产业上有效地利用研究成果提供帮助，因此，应通过利用网络等方式，以易懂、易利用的形式进行公布。此时，通过明确评价的目的或前提条件等方式，应充分顾及明确、正确地传播评价结果。从明确评价者对评价内容的责任，以及确保评价的公正与透明的视点出发，评价者姓名也应在适当的时期予以公布。但是，评价研究开发课题时，为防止研究者之间发生新的利害关系，有必要设法使对具体课题的评价者的姓名不能被特定。

此外，应该努力整备被评价者接受说明和能够陈述意见的规章制度。另外，应该力图整备被评价者对评价结果难以接受时，按照制度的宗旨，对评价实施者有充分的根据，可以提出异议的体制。

（8）评价体制的整备①

为了能够适当地管理研究开发课题评价程序，进行高质量评价以及支持优秀的研究开发，评价实施主体，应谋求设置评价部门，并为完成工作的需要，要为那些来自国内外的，包括年轻学者在内的，有研究经验的适格人才配置一定的工作时间，必要时还要增加审查人员。通过这些方法，来整备、充实评价体制。

而且，为了提高研究者的便利性和实现业务的效率化，关于申请文件的受理等，应谋求导入电子系统。

2. 重点资金研究开发课题的评价

（1）评价目的②

重点资金研究开发课题③的评价目的是，文部科学省内部部局以及研究开发法人等，通过对每个课题实施评价，评断实施的妥当与否，同时有助于研究开发质量的提高以及改善运行、再研讨计划等事项。

（2）评价者④

评价实施主体，为了将有关围绕研究开发的诸多信息最广泛的视野

---

① 见《指针》2.2.1.8。

② 见《指针》2.2.2.1。

③ 重点资金研究开发课题是指，为实现大规模项目以及社会关心度高的课题等，为达成国家制定的政策或研究开发措施的目的或目标而实施的课题。

④ 见《指针》2.2.2.3。

纳入评价，应以外部的专家等作为评价者实施进行外部评价。此外，如有必要，应有效利用第三者评价。

评价者的评价包括，从独创性、新颖性、先进性、发展性等科学性与技术性方面进行评价（从科学性与技术性的观点进行的评价），与提高包括文化、环境等在内的国民生活质量作出贡献，或成果的产业化等对社会、经济作出贡献（从社会性与经济性方面的观点进行的评价）方面进行的评价。由此可见，对评价者要求的能力因评价的不同而不同。因此在选任评价者时，评价实施主体，应针对评价的对象、目的，从不同的视角出发选任合适的评价者。需要注意的是：

第一，在进行科学性与技术性方面的评价时，评价者应从与评价对象的研究领域相关的研究者中选任。

第二，在进行社会性与经济性方面的评价时，应增加与评价对象不同的研究开发领域中的研究者，享受成果的产业界，人文、社会科学领域中的专业人才，研究开发成果产业化、市场化方面的专家，能够从一般的立场陈述意见的人，或者能够分享延伸效果、费用与效果比对的专家。

第三，评价实施主体，应充分考虑通过让当选的评价者了解评价的目的以及方法等内容，以及相互研讨等方式，让当选的评价者能够形成对评价的共同认识。

第四，对应大规模的项目而言，为了获得国民的理解，从较早的阶段开始就要对大规模项目的内容或计划等通过网络等手段，进行广泛公布，有必要时还应反映国民的意见。

第五，从进行公正、透明评价的观点出发，原则上利害关系者不得参加评价。此时，应对应每个研究开发措施的宗旨或性质，事先明确利害关系的范围。在不得已、无法完全排除有利害关系悬念的人时，在明确其理由的同时，必须力图确保该评价者评价的公平性以及透明性。

（3）评价的实施时期①

与之前介绍的评价项目相同，对于重点资金研究开发课题的评价也

① 见《指针》2.2.2.4。

是分阶段进行的：

第一，事前评价：评价实施主体，研究开发课题开始前，把握实施的必要性、目的或计划的妥当性等，为决定预算等资源分配，实施事前评价。

第二，事中评价：研究开发课题的实施期间非常长的时候，应以每3年为基准，在切实把握形势的变化或目标达成状况的基础上，为确认是否需要进行包括提高研究开发质量、改善运行、中断或中止在内的计划变更，而实施事中评价。但是，对研究开发课题的实施期间为5年左右，对于研究开发结束前已经预定实施事后评价的课题而言，根据课题的性质、内容、规模等，没有必要对研究开发计划等作出重大的变更时，评价实施主体通过每年的业绩报告等进行适当的运作管理，并不一定需要实施事中评价。

第三，事后评价：研究开发措施结束时，为能够把握目标的达成状况或成果，将其活用于以后措施的开展，实施事后评价。事后评价，为了其成果能够有益于后续的研究开发课题，必要时可以在课题结束前，将该评价结果有效地利用于后续的课题计划等方面。

第四，追踪评价：研究开发课题结束以后，经过一定的时间，实施追踪评价。

追踪评价应切实把握：一是产生延伸效果或派生效果的同时学界的评价或实用化状况；二是以研究开发为契机创造出的新技术或创造的社会价值等所产生的延伸效果或派生效果；三是在有开发、建设大型研究设施的时候该设施的运作、利用情况等，检验已经实施过的评价的妥当性，使其成果能够有效地用于次期课题的研讨或改善评价活动方面上。而且，追踪评价的实施对象，应对应于研究开发措施的特点，从国家投入资金巨大、重点发展领域上的措施、取得成果需要花费时间的措施等主要的措施中选出。

对这些研究开发进行系列评价时，在研究开发课题招标开始之前，决定并公布事前评价、事中评价、事后评价的实施时期、目的、方法，以及有效利用以前实施的评价结果的方策等，并通过将这些事项的有机地协作，使评价具有连续性与一贯性。

另外，在实施这些评价时，为确保透明性与专业性，如有必要应考虑有效地利用民间等外部机关。

（4）评价方法①

评价实施主体应该遵循设定、选定的评价手法、评价观点、评价项目、评价基准实施评价，在进行评价时应从该研究开发课题的重要性、紧急性等（必要性）、该课题成果的有效性，该课题的实施方法、体制的效率性、研究开发的特性或规模，并从作为评价对象的研究开发的世界水准等视角出发，进行评价。特别是在事中、事后评价等方面，以对事前设定的目标的达成状况的评价为基础，但是与此同时还要从广泛的视角出发，把握实施的程序的妥当性或次生成果，增进理解，强化研究基础，以及该研究对培养承担未来的年轻研究生有怎样的贡献等，有助于未来研究的成果，并对于包括失败在内的研究过程或计划外的事态中得出的知识、见识，研究者的研究热情、活力、发展可能性等也要充分予以考虑。除此之外，以下事项也需要加以注意。

第一，大规模项目，因为投入了巨额国家资金，所以对有关其内容的计划、体制、手法的妥当性，责任体制的明确，对费用的效果，基本技术的成熟度，或者与替代方案的比较等，应该特别用心地进行多样性的事前项目评价。如前述，不能实施该项目的情况下的损失也能够成为评价项目中的一项。

第二，评价实施主体进行实质判断的基础是评价者的见识。此时，从确保评价的客观性的观点出发，对应评价对象或目的，有时候利用论文被引用度或为取得专利而采取的措施等数量性的信息、数据等作为评价的参考资料，虽然很有用，但是如果轻易地将数量性的信息、数据等作为评价指标，就可能引起错误的评价，进而扭曲被评价者健全的研究活动，因此应慎重地利用这些信息、数据等。特别是以刊载论文被引用数为基础测试杂志影响力的指标，作为影响系数被使用时，应意识到其并非显示刊载论文质量的指标，对其利用时应予以充分的注意。

第三，为了促进被评价者积极参与评价，并推进评价高效地实

---

① 见《指针》2.2.2.5。

施，对应研究开发的特性或规模，被评价者应努力在研究开发课题的计划阶段，明示明确的目标以及对该目标已经达成状况的评定指标等，在课题实施中，随时对目标达成状况或问题点，今后的发展可能性等进行自我检点、查验、评价，而评价者应将该内容有效地利用于评价中。

第四，在评价方法的设定、选定、周知以及重新研讨、评价手法的设定、评价项目的选定、评价基准的设定的关系上，与《指针》2.2.1.5.1①、2.2.1.5.2②、2.2.1.5.4③以及2.2.1.5.5④同样实施。

---

①　该款是关于评价方法的设定、选定、周知以及重新研讨的规定。即"评价实施主体，为确保评价的公正以及信赖性并实施具有时效性的评价，应对应评价对象以及目的明确并具体设定、选定评价方法（评价手法、评价的观点、评价项目、评价基准、评价过程、评价手续等），并事先将其通知给被评价者以及可能成为评价者的人。其次，评价实施主体，应根据科学技术的迅猛发展、社会或经济形势的变化等，围绕该研究开发的状况，重新研讨评价方法"。

②　该款是关于评价手法的设定的规定。即"对评价而言，从评价前的调查分析法到评价法自身存在着多种多样的手法。作为代表性的评价手法有，由该领域的研究者进行研讨，以及由包括产业界或经济、社会领域的专家等在内的专家评价。其次，还有能够明确研究者研讨等的评价结果，或者使复数的事业间的比较成为可能的评点法。再次，也还有多种可以向研究者研讨等提供客观信息，能够提高研讨质量的定量分析。评价实施主体，检讨这些评价手法，对应评价对象或目的，灵活地设定最适当的评价手法。其次，进行评价时，区分从科学、技术的观点出发评价与社会、经济的观点出发的评价，通过对应研究开发的特性的手法，进行适当的评价。例如，有应重视从科学、技术的观点出发的评价的课题，另一方面不仅如此，有些课题则是更应该重视从社会、经济的观点出发进行评价的。将这些混在一起进行评价时，不仅作为该研究开发课题的提案、实施者的被评价者乃至全体研究者的积极性，都会有可能受到打击。对这一点必要予以充分的注意。今后在评价中，通过为了提高评价的信赖性，继续充实不断增长的评价前的调查分析，对作为判断根据的客观、定量的数据进行有组织的收集、分析等方式，以求提高其质量。此外，目前，应从现在能够获得的手法中选择合适的手法，但是今后需要谋求评定手法等的开发、改良以及评价的高度化。评点法是指，将评价者的判断定量化的评价方法。首先，将能够预想到的评价项目制成一览表，评价者基于听证、报告书、各种数据，对每个项目给予评点，合计这些评点算出总和点数，进行评价的方法"。

③　该款是关于选定评价项目的规定。即"评价实施主体，应根据研究开发课题的性格、内容、规模等，从必要性、有效性、效率性等观点，设定适当的评价项目。此外，评价项目应考虑以下各项，即必要性的观点、有效性的观点，效率性的观点（具体内容略）"。

④　该款是关于评价基准的设定的规定。即"评价实施主体，为了使选定各项评价项目的判断根据清晰明了，应事先明确地设定评价基准。此时，应重视研究开发的质量。特别是，从科学性、技术性的观点出发设定评价基准时，应当以以下事项为基础，即根据开发研究的特性以及规模、以世界水准为评价基准、并重视对未知领域进行挑战。此外，当产生当初的计划没有预计到的成果时，应该不拘泥于当初的评价基准，通过从新的视角设定评价基准等方式灵活对应"。

（5）对评价应该注意的事项①

在评价活动的连续性、基础研究的评价关系上，与《指针》2.2.1.6.1②以及2.2.1.7.3③同样实施。

（6）评价结果的使用、处理④

在评价结果的处理与使用上必须确立这样的循环过程，即进行研究开发课题的计划、实施，以及在评价同时，评价结果应切实地反映到提高研究开发的质量或改善运行，重新评估计划等方面。

为此，对于研究开发课题的评价而言，事前具体明确评价目的以及有效利用的方法、将评价结果切实地反映于资源分配等方面，并借此争取研究开发质量的提高以及资源的有效利用是非常重要的。如何做到评价结果的具体有效，在不同评价时期应努力做到：

第一，在事前评价中，实施是否妥当、计划变更、优秀研究开发体制的构建、研究者或研究代表者的责任明确化等。

第二，在事中评价中，检验进展程度与目标管理、继续、中止、方向转换、研究开发质量提高、机关运行改善，激励研究者的热情等，而且为了使研究开发进一步的发展，提供必要的建议。特别是对急速进展的研究开发，应建议灵活地变更研究计划。

第三，在事后评价中，确认达成计划的目的或目标的程度，研究者或研究代表者责任的明确化，对国民的说明，评价结果的数据库化以及在其后评价中的有效利用，下一阶段研究开发的企划、实施，形成下一政策、措施中的有效利用，研究开发管理的高度化，机关运行的改善等，进行事后评价的同时，研究开发实施、推进主体，必要时通过有效

---

① 见《指针》2.2.2.6。

② 该款是关于评价活动的连续性的规定。即"评价实施主体，包括过去进行评价的评价者在内等，应争取评价观点的继承，以确保连续性。其次，总括管理一系列的评价信息、使还原该开发课题的研究过程成为可能，以及使事后评价和追踪评价的结果更好地运用于下个阶段的研究开发课题。评价实施主体，应该从评价内容的充实、研究开发活动的有效、高效的推荐以及培养评价者与被评价者的信赖关系的视角出发，尽可能确保评价者与被评价者在评价过程中有交换意见的机会。此时，应充分顾及不要损害评价的公平与透明性"。

③ 这确实是《指针》2.2.2.6的规定，但是《指针》中，"2.2.1.7 评价结果的取り扱い（评价结果的处理）"并无继续细分的条目，也就是说《指针》根本不存在所谓2.2.1.7.3，并且2.2.1.7所规定的评价结果的处理与"评价应注意的事项"也缺乏对应性，查遍日本权威网站关于《指针》的规定，无法解释这个问题。

④ 见《指针》2.2.2.7。

地利用事后评价等行为，积极构建使某一制度产生的研究成果能够有效
地用于下一制度上的体系。

第四，在追踪评价中，效果、效用（成果）或延伸效果（影响），
对国民的说明，形成下一政策，措施中的有效利用，研究开发管理的高
度化等。

评价实施主体，原则上应该将评价结果予以公开，并通知对计划研
究开发措施负有责任的部门，以及对资源分配等负有责任的部门。此
外，应留意评价结果可能对其他的评价也有效，有必要时应通知相关部
门。这些相关部门，应研讨将接到评价结果切实地反映到研究开发措施
或机关运行的改善、资源分配等方面上。而且，文部科学省内部部局以
及研究开发法人等，应公布包括研讨结果或反映状况在内的信息。

评价实施主体，应在公布评价结果之前，对个人信息以及知识产
权的保护等必要的限制事项进行充分的考虑。此外，评价结果的公
布，既是对国民履行说明义务，又能够确保评价的公正以及透明，并
在社会或产业上有效地利用研究成果提供帮助，因此应通过利用网络
等方式，以易懂、易利用的形式进行公布。此时，通过明确评价的目
的或前提条件等方式，争取正确地传播评价结果。从明确评价者对评
价内容的责任，以及确保评价的公正与透明的视点出发，评价者名单
也应公布。

3. 基础资金研究开发课题的评价①

基础性资金研究开发课题的评价，在保障开展获得竞争性资金之前
的构想阶段的研究，支持日常教育研究活动，以及推进整备大学附属研
究所、研究中心或者需要特殊大型设施、设备的大规模研究中，都发挥
着十分重要的作用。一方面，对前者而言，是指有效利用研究者日常的
论文发表或学会活动中的评价，还包括对各大学中机关的主管管理者对
应机关的设置目的等，整备管理并认真履职的情况，在评价时期内的，
切实高效的评价体制或方法。另一方面，对后者即特定的大学研究项目
进行评价时，构建站在第三者的立场进行评价的体系，是有效且适
当的。

---

① 见《指针》2.2.3。

一方面，在使用研究开发法人的运行费交付金，进行大规模项目以及社会关心非常高的研究开发课题等，或者由机构主管管理者裁量研究费进行的较小规模的研究开发课题时，对于遵循中期计划，被重点推进的项目评价，准用《指针》中"重点资金研究开发课题"的评价。另一方面，对此外的基本资金研究开发课题进行评价时，也是指对机关的主管管理者根据机关的设置目的、整备管理以及认真履职的情况，包括评价时期在内的，切实高效的评价体制或方法。

4. 其他资金研究开发课题的评价①

首先，对民间研究机构或公设实验机关，接受国家资金实施研究开发课题，评价实施主体应该对应国家经费的负担程度，和国家的参与程度，进行适当的评价。

其次，为了谋求推进有效、高效的研究开发，明确研究者对该研究开发课题的参与程度，非常重要。为此，选定竞争性资金制度上的新课题、计划研究开发课题的时候，应在研究计划书等上明确记载研究代表者以及研究分担者的成果，并从该研究者对完成该研究开发课题可能性的判断或者排除研究费向特定研究者过度集中等观点出发，切实地利用有关该成果的信息。

（三）研究开发机构的评价

1. 评价的目的

大学有基于《学校教育法》的自我检点、查验、评价或认证评价的义务，国立大学法人以及大学共同利用的机关法人，有基于《国立大学法人法》的法人评价（包括对教育研究状况的评价）的义务，研究开发法人等，还有基于《独立行政法人通则法》的法人评价义务。这些评价的基础是各自实施的自我评价，关于研究开发活动上的评价，期望能对应机构的特性，参照本《指针》，正确地设定并实施评价目的或评价结果的利用办法、评价项目和基准等。

评价目的在于，机构的主管管理者，通过遵循机构的设置目的或研究开发的目的或目标，实施评价，以助于研究开发以及改善机构全体管

---

① 见《指针》2.2.4。

理运行的同时，履行对国民的说明责任等。

2. 评价者

关于评价者的选任、评价者的广泛选任、利害关系者的关系处理，与《指针》2.1.3.1 及 2.1.3.2① 相同。

3. 评价的实施时期

评价实施主体，灵活地对应有关研究开发的诸多情势的变化，经常实施活跃的研究开发，从 3 年到 6 年左右的期间为一个标志，定期进行评价。

4. 评价方法

评价实施主体，遵循机构的设置目的或研究开发目的、目标，从机构运行方面与研究开发的实施、推进方面进行评价。

在机构运行方面，对为了达成研究开发的目的、目标或者整备研究开发环境的运行，应从效率性的观点出发，进行评价。

在研究开发的实施、推进方面，机构应就包括实施、推进研究开发措施以及研究开发课题的评价，与所属研究者的业绩评价在内的总体，进行评价。此外，实施机构评价时，应该注意并不一定需要重新对个别的课题或研究者的业绩进行评价。

在同一机构内的不同阶层的组织单位中进行机构评价时，为了能够有效、高效地实施评价，也为了某一评价能够被有效地利用于上级阶层的组织单位的评价，应通过使评价项目相一致等手法，各评价实施主体应相互协作进行评价。

5. 评价结果的使用、处理

机构的主管管理者，应将评价结果切实地反映到机构运行的改善与机构内的资源分配等方面。并且应充分考虑个人信息以及知识产权的保护等，在设置必要的限制事项的基础上，再进行评价结果的公布。此外，评价结果的公布，既是对国民履行说明义务，又能够确保评价的公正与透明，并在社会或产业上有效地利用研究成果提供帮助，因此应通过利用网络等方式，以易懂、易利用的形式进行公布。此时，通过明确

① 这两款规定是关于"评价者的选任和评价者的广泛选任，利害关系者的关系处理"的规定。参见本章三（二）1（2）的相关内容。

评价的目的或前提条件等方式，应充分顾及明确、正确地传播评价结果。从明确评价者对评价内容的责任，以及确保评价的公正与透明的视点出发，评价者姓名也应在合适的时期公布。

6. 注意事项

机构运行是在机构的主管管理者的裁量下进行的，其评价结果当然会影响对责任人机构主管管理者的评价，因此在进行评价时要把握例如分配的资金是如何被灵活运用的，取得了怎样的成果等方面，并切实地反映到资源分配的运用上。

（四）研究者的业绩评价

在第三期科学技术基本计划中，作为科学技术体系改革的一环提出，在研究者的待遇方面，通过或者基于对其能力或业绩的公平评价的基础上，对所付出巨大努力积极给予回报，以彻底实现人事体系的公平性与高度的透明性。

为此，作为评价实施主体的研究开放机构的主管管理者，实施研究者的业绩评价时，在明确评价目的的同时，遵循机构设置目的等，整备并以自己的责任实施，包括评价时期在内的，切实高效的评价体制或方法，进行评价。在顾及研究者多样的能力或适应性的前提下，除研究开发活动外，还应关注研究开发的计划、管理，来进行评价活动，或者评价其在与产业间的联系，对知识基础整备的贡献、对国际标准化的贡献、与国民的交流活动等有关的活动的同时，还要重视质量。例如，将评价领域分割成"研究"、"人才培养"、"社会贡献"、"运行管理"等，在最大限度发挥个人能力的同时，避免千篇一律的评价，并适当的改变评价领域中的比例，力争有高度组织力的评价。此时，不仅要对全部评价项目进行平均评断，有时还要积极地对优秀的部分予以重视和采纳。此外，期待在各研究开发机构等中，能够彻底实现选考、人事体系的公平与高度透明，并能够对女性研究者或海外研究者的能力或业务进行切实地评价。

此外，还要顾及研究者挑战的课题难度等，有必要想方设法促使研究者不会畏惧而勇于挑战。而且，为了推进研究开发，研究支持者的协作是必不可少的，因此对研究支持者的专业能力，以及对推进研究开发的贡献度等也要切实地评价。评价结果，需要注意从个人信息保护的观点出发特别谨慎地进行处理，并通过反映到其待遇上等手段，在机构的主管管理者规定方法下，切实灵活地使用。

三　对大学等研究机构的资助评价

《指针》在第三章特别规定了对大学等教育机构，要考虑其自身的特点，处理好其研究和教育职能的关系。与其他研究机构不同，大学是具有教育职责的机构，且大学等进行的学术研究活动，是以研究者的自由创造以及研究意愿为源泉进行的知识创造活动，其作为构建人类精神生活的要素，自身有着突出的文化价值。其学术研究成果将成为人类共同的知识财产，并贡献于人类文化的形成和发展。除此之外，具有多样性的大学等机构的学术研究能够催生出改变未来社会应用状态的突破性知识成果等，并同时构建国家以及社会发展的基础。因此，基于学术意义研究的特定，大学以及对应的学术研究机构在进行学术研究的过程中，应在顾及学术研究特点的同时特别留意学术研究的意义。要充分认识到学术研究涉及人文、社会科学、自然科学所有学术领域，其性质、内容、规格等也是极其多样的。在重视学术研究中的独创性的同时，还有很多研究是萌芽性研究或经过长时间才会显示出延伸效果的研究等，不容易进行评价的研究。而且，在发现新原理或法则的过程中，研究有可能不理想甚至是失败，都可能对以后的发展有价值。此外，在大学等研究机构中，通过基于研究成果进行的教育活动，培养以研究者为首在社会各个领域能够作出贡献的人才等方式，推进具有密切关系的研究活动与教育活动，是一个非常大的特征。因此，进行学术研究上的评价时，必须顾及这些特征。[1]

正因为如此，虽然上一个问题（三）已提及大学等研究机构的资助评价，有必要进一步说明。

（一）评价的基础理念

对学术研究而言，在自律性的环境中进行研究活动极其重要。因

---

[1]　见《指针》3.2.1.1及3.2.1.3。

此，对其进行评价，需要以专家集团从学术意义上的评价为基础，努力确保公平与透明性。重视如下积极、发展的观点，即对优秀的研究进行积极的评价等，通过评价鼓舞、奖励研究活动，谋求其活性化。但是在评价的过程中，应预防那些规格化、形式化的评价或轻易追究结果责任等行为，使研究者数量受到萎缩，并削减研究者挑战独创性、萌芽性研究或达成困难的课题的热情，以及使研究活动均一化的评价。①

（二）评价时的注意点

1. 评价视点

首先，评价的视角以学问意义上的评价为中心，而对应研究领域或目的，从对社会、经济的贡献的观点出发创出新技术或取得专利的措施也是评价的视角之一。其次，充分分析、理解成果的延伸效果等，基于长期性、文化性的观点进行评价也非常必要。最后，不仅要推动最尖端的研究而且还要推动萌芽性的研究，同时发挥并培养年轻研究者的灵活多样的构想、思路视角也非常重要。不仅仅要对成果进行事后评价，还应该具有对正在投入研究活动的研究者的热情与活力，发展可能性进行适当评价的视点②。

2. 评价方法

大学等也是具有教育技能的机构，对大学的机构评价或大学的研究者业绩评价时，有必要以切实、全面地发展教育、研究、社会贡献等这些大学的诸多机能为目标，并充分顾及研究与教育的有机关系③。

由于采用定量指标评价大学等学术研究机构研究成果的价值，所取得的效果是极其有限的。因此，通过在研究内容的实质方面进行问询评价才是评价的基本。此时，使用数量性的信息、数据等作为评价指标的时候，要求参照前述（基于竞争性资金的研究开发课题以及重点资金研究开发课题评价实施）观点，并采取慎重的态度。

当被评价的项目是以人文、社会科学研究作为学问，以人类的精神文化或人类、社会中发生的诸多现象或问题为对象，并具有对这些现象

---

① 见《指针》3.2.1.2。
② 见《指针》3.2.1.4.1。
③ 见《指针》3.2.1.4.3。

或问题进行解释，赋予特征意义的时候，就应该顾及这些方面的研究成果在很大部分上会涉及个人的价值观，因此在评价时需特别留意。

（三）针对不同对象的评价方法[①]

1. 基础资金研究

基础资金，支持着包括萌芽研究或继续研究在内，由研究者自由构想、设想而产生的多种多样的研究活动，是进行学术研究发展的基础。对基础资金研究开发课题进行评价，应该在各大学等中灵活运用对研究者日常论文发表或学会等活动进行切实有效的评价的前提下进行。此时，也可以考虑将其作为研究者的业绩评价的一环而进行。另外，在评价实施过程中，还应该注意评价活动不要破坏自由、无拘无束的气氛，也不要扼杀有发展前景的研究雏形。

2. 竞争性资金研究

进行以学术振兴为目的的竞争性资金研究的评价时，应适应时代的要求，整备必要的体制，并力图进一步充实该体制。此时，应该对应研究项目的性格或研究费规模，通过将事前评价（审查）作为重点等方法，设定有效、高效的评价方法。从力争提高评价质量的观点出发，顾及审查员合理的构成，努力强化包括确保人才在内的评价业务实施体制，扩充评价结果对申请人的公开。

3. 大型研究项目

对天文学、加速器科学、核融合科学等，以特定的大学共同利用机构等为中心，由巨额资金与众多的研究者集团实施的大型研究项目进行评价时，构建站在第三者的立场进行评价的体系，是有效且适当的。为此，在科学技术、学术审议会上，实施事前、事中、事后等各阶段上的评价，并以此为基础采取项目的变更、中止等措施可以保证评价目的的实现。与此同时，评价者还应该积极地公布、传递评价结果。

此时，为提高评价的妥当性，应该积极争取进行有有识之士参加的，对大型研究项目对社会、经济等方面产生的影响所进行的评价，为此，还应通过听取海外研究者的意见等方式努力实施的从世界或国际视

---

① 见《指针》3.2.2。

点出发的评价。

4. 研究层面上的大学的机构评价

进行评价时，各大学应比照自己的目标对研究活动以及组织运行的影响状况进行自我检点、查验以及自我评价，其评价结果不仅有助于改善组织运行，而且从履行对国民的说明义务的观点出发，还应将其公布。

大学共同利用机构，在运行会议上从机构运行以及研究活动的两方面进行评价，并灵活运用这些在外部召开的运行体系上的评价机能。

5. 研究者的业绩评价

一方面，就对研究者业绩而言，从采取尊重研究者的创意，推荐并支援优秀的研究活动这样的积极视点进行评价，是非常重要的。另一方面，期望大学等为了完成其使命，应意识到确保自由的研究环境的必要性，严于律己地进行研究。因此各大学等，应通过学会等进行研究者间的相互评价或灵活的运用竞争性资金的获取实际业绩，评价每个研究者的业绩，并将其结果利用于大学的组织运行上。此外，进行研究者业绩评价时，可以将其考虑作为大学中的自我检点、查验、评价的一环进行实施。

另外，对于大学等而言，教育机能也是极其重要的要素，应该注意在对教员进行评价时，不要因为只重视业绩，而造成大学等在教育层面上的机能下降。

第四章

日本学术振兴会的学术不端行为规制法律制度

一 规制学术不端行为制度的特点

学术不端（scientific misconduct）[1] 是困扰学术界乃至整个社会的一个非常严重的问题。尽管对学术不端的内涵甚至是对"学术不端"概念本身的提法还没有达成一致的认识，但是，人们对由学术不端所造成的恶劣影响却有目共睹并深感痛切[2]。因此，科学道德和学风问题成为全球科技界普遍关注的重要话题。科技界关注的焦点之一表现在：科学道德和学风问题频频发生在基础研究领域，并且已经侵蚀到学术的最高殿堂[3]。为此，各个国家和地区都在为净化学术环境而做出各种各样的努力，包括组成专门的机关、构建具有针对性的制度来遏制学术不端行为的发生以及进一步的蔓延。

日本也有其规制学术不端行为的制度，且相比之下，日本在学术不端行为的规制方面的做法还是比较完善的。具体而言，日本学术振兴会

---

① 学术不端行为在日本的法规里被表述为学术活动中的"不正当行为"，考虑我国读者的语言习惯，本文在一般叙述时使用学术不端一词，但在具体描述日本的相关制度时仍然会使用"不正当行为"，因为日语使用汉字的特点，比如日本文部科学省的"研究活動の不正行為への対応のガイドラインについて－"（《关于应对研究活动中不正当行为的指导方针》）这一法规，如果直接译成《关于应对学术不端行为的指导方针》，实在又不符合中国的日语使用者的语言习惯。

② 文剑英：《从社会与境视角看学术不端》，《自然辩证法研究》2010 年第 26 卷第 6 期，第 59 页。

③ 吴善超：《国家自然科学基金与科学道德学风问题》，《中国科学基金》2003 年第 2 期，第 94 页。

学术不端行为法律制度有以下这样一些特点。

（一）态度明确

学术振兴会处理学术不端行为的法律制度对于学术不端行为有着极为明确的态度。在日本文部科学省《关于应对研究活动中不正当行为的指导方针》中就明确指出，科学研究上的不正当行为，亵渎科学、动摇人们对科学的信赖、阻碍科学的发展。这种现象原本就不应该存在，并且在严峻的财政状况下，作为投资性的科研经费来自于国家，从根本上来讲这种经费来自于国民的纳税金。从提高这些经费利用效率的角度出发，也要进一步确保研究的公正性。

不正当行为是对科学本身的背信行为，不论花费多少精力或者出自何处都是绝对不允许的。这对于每个研究者来说自不待言，而学术团体、大学、研究机构以及资助机构也要意识到这一点，且必须以严厉的态度对待学术不端行为。除预防之外，必须形成研究者的自我规范以及学术团体、大学或研究机构的自律机制，以获得自净作用。这一点必须在所有层次的研究中，都作为重要的课题加以认识。培养年轻研究者的导师不仅应该了解自律和自我规范的意义，更重要的是对年轻研究者和学生进行示范与教诲。

（二）基本定义明晰

学术振兴会明确界定了学术不端行为法律制度中的一些基本定义，例如，何为研究活动，何为不正当行为，何为研究成果的发表以及什么是竞争性资金等。日本文部科学省在《关于应对研究活动中不正当行为的指导方针》中规定，研究活动是指在前人研究的各项成果上，根据观察和实验得来的数据和自身的考察、思考、突破而创造出新的见解，构筑知识体系的行为。另外，将不正当行为界定为背离研究者应有的道德，歪曲研究活动和研究成果发表的本质意义和宗旨，妨碍学术团体之间进行正常的科学交流。具体来说就是伪造、篡改及剽窃他人研究成果等。除此之外，还对竞争性资金不正当使用行为进行了解释说明。例如，礼金、资助等不正当使用行为是通过捏造、篡改出勤表等，进行制作虚假的礼金账目或虚构雇佣者，从研究机构领取与实际不符的礼金、资助。

明确、清晰的定义概念，使得学术振兴会学术不端行为法律规范更加具有可操作性，避免了执行过程中出现的混淆与混乱。

（三）对学术不端行为产生的原因分析细致

深入细致地分析科研不当行为产生的原因，为进一步制定规制措施奠定了坚实的基础。例如在日本文部科学省《关于应对研究活动中不正当行为的指导方针》以及《研究经费不正当使用对策检讨会报告书》中，分别针对科研活动中的学术不端行为产生的原因，以及竞争性资助费的不正当使用行为产生的原因进行了深层次的分析。例如，针对研究活动中学术不端行为的产生，主要是为了获得与巨额资助相对应的成果（哪怕是虚假的），包括对职称的需求以及研究机构缺乏自律机制和不能发挥自净作用等原因造成的，而研究经费不当使用行为的发生，主要是利益驱使以及研究机构管理不到位等原因造成的。不正当使用旅费的行为是由于研究机构在旅费计算、出差是否按照原计划进行等方面的体制上的不完善，以及未能回收机票票根和收据等方面的原因造成的。

（四）处理程序完备

学术振兴会的学术不端行为法律规范，对于学术不端行为的处理有着一套极为完备的程序性规定。从对学术不端行为的举报到调查处理都极为详尽。比如就学术不端行为的举报程序，规定举报受理机关为研究机构（受托单位）和资金划拨机关，并由这两类机关实施调查，对于检举的受理一般只接受实名检举，后由调查机关进行调查。调查分为预备调查和正式调查，然后才根据调查结果对于被举报行为进行认定，且对于调查结果要向举报人、被举报人和资金划拨机关进行通知，资金划拨机关还要就调查结果向文部科学省进行报告，对于调查结果需要向公众进行公开，另外允许被举报人提出异议，启动异议调查程序。一旦认定不正当行为存在，将会采取终止资助以及停止资助等手段。当然，如果经过调查发现不正当行为并不存在，就需要向公众广泛告知所谓不正当行为并不存在的事实或该行为并不属于不正当行为，且应采取恢复相关人员名誉等消除不良影响的措施。

（五）治理手段健全

学术振兴会针对学术不端行为的治理有着一套比较健全的手段，包括成立专门的机构、制定科学工作者行为规范、出台规制研究经费不当使用行为指导方针等。具体而言，日本成立了学术委员会，2005 年 10 月设立了"科学家行为规范研讨委员会"，并由研讨委员会起草了"科学者行为规范"（暂定版）以及"贯彻施行科学者行为的自律"，2006 年 4 月得到日本学术委员会的承认。之后，日本学术会议将此文件以调查问卷的形式向全国的 1251 所大学及高等专门学校、272 个研究机构、1296 个日本学术会议协助的研究团体进行调查。在该调查问卷中，对于"科学者的行为规范"（暂定版）的内容进行了广泛的信息收集，同时，调查了各机构中对于科学者的道德要求、行为规范的设置情况。

调查问卷中具有启示意义的回答有 1332 个，其中，大多数对"科学者行为规范"（暂定版）持肯定态度，认为必要事项已基本列入该文件，但也有观点认为，该规范过于抽象，缺乏具体性内容。而且还有观点认为该规范缺乏对一些领域中特有事项的规定。另外，从道德要求、行为规范设置情况方面的 1323 个机构的问卷调查中，可以看出，各个机构均正在进行促进科学者自律行为的一些具体行动。通过 2006 年 4 月调查问卷等形式，进行了广泛的意见收集和慎重的讨论，完成了由"科学者行为规范"和"实现科学者自觉的规范行为"构成的，关于研究者行为规范的声明的这两个规范性文件。

另外，《研究经费不正当使用对策检讨会报告书》中，制定了有关研究机构关于公共形式研究经费的管理、监督的指导性方针，该指导性方针针对体制整备的实施状况以报告书、提交方法等方式进行了具体规定。

二　规制学术不端行为的法律依据

标榜科学技术立国的日本，在 1996 年至 2005 年第 2 期的科学技术基本计划年度期间，增大了研究开发投资，并推动了科学技术体制改革与科学技术的战略性、重点化建设。并且，日本政府在财政状况非常严峻的情况下，至 2010 年的 5 年计划期间，还是拿出了总额 25 兆日元用于政府研究开发投资。因此，日本政府要求这些来之不易的研究资金能够得到更有效地利用，以及获得更多的研究成果。而学术不端行为违反了科学研究的本质，动摇了人们对科学的信赖，妨碍科学的发展，并且也是对科学的亵渎。① 同时也浪费了宝贵的研究经费与研究资源，给真心致力于科学研究的研究者带来了极度的不公。

为了防止学术不端行为的发生，日本学术会议作为日本人文社会科学、生命科学以及理工科学在内的所有领域科学家的对内以及对外的代表机关，于 2005 年 10 月设立了"科学家行为规范研讨委员会"。并于 2006 年 10 月，日本学术会议通过了科学家行为规范研讨委员会起草的《科学者行为规范》② 以及《贯彻施行科学者行为的自律》。③

但是，《科学者行为规范》以及《贯彻施行科学者行为的自律》都仅仅是为了进行负责任的科学与技术研究，要求所有科学家自觉遵守的伦理规范。为此，2008 年（平成 20 年）4 月 8 日日本学术会议公布了《日本学术会议宪章》。《日本学术会议宪章》是日本学术会的会员以及联合会员应共同具有的基本目标、义务以及责任的宣言，这有别于《科学者行为规范》等自律性规范，同时也与之形成互补的关系。④

另外，作为主管日本文化教育以及科学研究的主管省厅，日本文部科学省下属的研究活动中的不端行为特别委员会于 2006 年（平成 18 年）8 月公布了题为《关于应对研究活动中不端行为的指导方针》⑤ 的指导性文件，同年 8 月 8 日日本文部科学省的研究经费不正对策检讨会

---

① 研究活动中的不端行为特别委员会报告书《关于研究活动中的不端行为对应指南》第 1 部 的 I，http：//www. mext. go. jp/b ＿ menu/shingi/gijyutu/gijyutu12/houkoku/06082316/001/001. htm，阅览日：2011 年 9 月 12 日。

② "科学者の行動規範について"。2006 年（平成 18 年）10 月 3 日制定颁布，2013 年（平成 25 年）1 月 25 日修订。

③ "科学者の自律的行動を徹底するために"。2006 年（平成 18 年）4 月 11 日制定颁布。

④ 《声明 日本学术会议宪章》之"背景说明"之"1《日本学术会议宪章》制作理由"。http：//www. scj. go. jp/ja/scj/charter. pdf，阅览日：2011 年 9 月 13 日。

⑤ "研究活動の不正行為への対応のガイドラインについて−"http：//www. mext. go. jp/b＿ menu/shingi/gijyutu/gijyutu12/houkoku/06082316. htm，阅览日：2011 年 9 月 12 日。

也公布了《研究经费不正当使用对策检讨会报告书》①，同年 9 月以及同年 11 月 28 日，文部科学省研究振兴局长还向有关研究机构的法定代表发出了《有关为防止科学研究费资助金不正当使用的措施（通知）》②的通知。2007 年（平成 19 年）2 月 15 日日本文部科学大臣公布了《研究机构国家经费性研究费的管理与监察指南》③。2007 年（平成 19 年）日本文部科学省科学技术与学术审议会科学研究费资助金审议部会制定了《有关为应对研究活动中的不正当行为的科学研究费资助金运用方针》。④

　　为了能够对使用竞争性资金等研究活动中发生的各种不正当行为进行有效的调查，并提出相应的治理对策，2006 年 2 月 1 日日本文部科学省根据《科学技术与学术审议会运行规则》⑤ 第 5 条第 1 项的规定，设立了隶属于科学技术与学术审议会的有关研究活动中不正当行为的特别委员会。

　　振兴会除遵守日本学术会议与日本文部科学省的相关规章外，在业务执行的过程中还自行制定了有关防止学术不端行为的规定。2006 年

---

　　① "研究費の不正対策検討会の報告書"。http：//www. mext. go. jp/b_ menu/shingi/chou-sa/gijyutu/008/houkoku/06122600. htm，阅览日：2011 年 9 月 12 日。

　　② http：//www. mext. go. jp/a_ menu/shinkou/hojyo/06113007/001. pdf，阅览日：2011 年 9 月 12 日。

　　③ "研究機関における公的研究費の管理? 監査のガイドライン（実施基準）"。http：//www. mext. go. jp/b_ menu/shingi/chousa/gijyutu/008/houkoku/07020815. htm，阅览日：2011 年 9 月 12 日。

　　④ "研究活動の不正行為への対応に関する科学研究費補助金における運用方針"，2007 年（平成 19 年）4 月 1 日。"研究費の不正対策検討会の報告書"。http：//www. mext. go. jp/b_ menu/shingi/chousa/gijyutu/008/houkoku/06122600. htm，阅览日：2011 年 9 月 12 日。

　　http：//www. mext. go. jp/a_ menu/shinkou/hojyo/06113007/001. pdf，阅览日：2011 年 9 月 12 日。

　　"研究機関における公的研究費の管理? 監査のガイドライン（実施基準）"。http：//www. mext. go. jp/b_ menu/shingi/chousa/gijyutu/008/houkoku/07020815. htm，阅览日：2011 年 9 月 12 日。

　　"研究活動の不正行為への対応に関する科学研究費補助金における運用方針"，2007 年（平成 19 年）4 月 1 日。

　　http：//www. jsps. go. jp/j-daikokai/data/10_ saitakugo/fuseikoui. pdf，阅览日：2011 年 9 月 12 日。

　　http：//www. jsps. go. jp/j-eayouth/data/saitakugo/h23/08. pdf，阅览日：2011 年 9 月 12 日。

　　http：//www. jsps. go. jp/j-press/mado_ secchi. html，阅览日：2011 年 9 月 12 日。

　　⑤ 2001 年（平成 13 年）2 月 16 日，日本科学技术与学术审议会决定。

（平成18年）12月6日公布了《关于应对研究活动中的不端行为的规程》①，2008年（平成20年）年3月28日公布了《关于竞争性资金等不当使用的应对规程》②。此外，振兴会遵循《关于研究活动中的不端行为应对指南》以及2006年（平成18年）9月的文部科学省题为《有关研究费不端使用的应对》的通知规定，设置了"关于独立行政法人日本学术振兴会竞争性资金等研究活动中的不端行为以及研究费不当使用的投诉受理窗口"。③

这些制度形成了一套严密的学术不端行为应对制度，包括从学术不端行为的定义，到对学术不端行为的举报、调查、处理等，而且相关规定中的内容也极其完备、详尽。比如，就学术不端行为的举报程序，规定举报受理机关为研究机构（受托单位）和资金划拨机关，并由这两类机关实施调查；调查分为预调查和正式调查，然后才予认定；对调查结果要向举报人、被举报人、资金划拨机关通知，资金划拨机关要向文部科学省报告；公开披露调查结果的异议申请、调查结果等。

三　规制学术不端行为制度的实体性法律问题

（一）关于学术不端行为的相关概念④

1. 研究活动

所谓研究活动，是指在前人研究的各项成果之上，根据观察和实验等得来的事实、数据，加上自身的省察、思考、突破而创造出新的见解和构筑知识体系的行为。

2. 研究成果的发表

研究成果的发表，是指把根据研究活动得到的成果，用客观的可验

---

①　"研究活動の不正行為への対応に関する規程"。2008年（平成20年）規程第3号。http：//www.jsps.go.jp/j-daikokai/data/10_saitakugo/fuseikoui.pdf，阅览日：2011年9月12日。

②　"競争的資金等の不正使用等への対応に関する規程"。2008年（平成20年）規程第3号。http：//www.jsps.go.jp/j-eayouth/data/saitakugo/h23/08.pdf，阅览日：2011年9月12日。

③　http：//www.jsps.go.jp/j-press/mado_secchi.html，阅览日：2011年9月12日。

④　见《日本文部科学省〈关于应对研究活动中不正当行为的指导方针〉——关于研究活动中不正当行为的特别委员会报告书（摘要）》

证的数据资料向学者群公开，并就内容接受其检验与批评。其多数是以论文发表的形式完成，而且，论文的写作方法要符合一定的要求发表，如数据、资料的公开、论理的展开、结论的提示等方法。

3. 不正当行为

所谓不正当行为，是指背离研究者的应有道德，歪曲研究活动和研究成果发表的本质意义和宗旨，妨碍学术团体之间正常的科学交流。具体来说就是伪造、篡改及剽窃他人研究成果等。

4. 不正当行为的对象

是指在使用了文部科学省以及其所辖的独立行政法人的资助机构、大学等研究机构所提供资金的研究活动中，伪造、篡改以及剽窃等不正当行为。非故意的行为不属于不正当行为。

5. 竞争性资金

所谓的竞争性资金等指的是资金分配主体通过广泛的研究开发课题征集，从提案的课题中经过多名专家以科学的、技术的观点为中心实施评价并选出采用，向研究者等分配的研究开发资金。在文部科学省管辖内的竞争性资金中，2006 年度，包含有科学研究经费资助金与战略创造研究推进事业、科学技术调整费等 13 项。按照其性质可以分为资助金和委托费。科学研究资助金为个人资助，研究资金交付给研究者。所有权也归研究者所有，从财务管理的角度看，该资金应由研究者所属的研究机构管理，与一般的机构经费相区别，作为"存款"进行管理。

委托费的资金分配是通过签订研究委托合同的方式进行分配的。首先由经费分配机构制定特定的研究课题，经过该研究方向的研究者、团体（以下统称为研究者）申报，然后经过资金分配机构的审查被采用后，由资金分配机构同被采用研究者所属机构签订研究委托合同。

文部省所管的竞争性资金的资金分配机构分别为文部科学省、独立行政法人日本学术振兴会以及独立性行政法人科学技术振兴机构。

（二）规制学术不端行为的基本观点

1. 对不正当行为的基本态度

不正当科研行为是对科学本身的背信行为，不论花费的多少或者出处如何都是绝不允许的。这对于每个研究者来说自不待言，而学术团体、大学、研究机构的资助机关也必须以严厉态度对待不正当行为。不正当行为的问题可以作为知识生产活动研究中"知识的品质管理"问题来把握。一旦发现公开发表的研究成果中存在错误或不正当行为，有必要立即在学术团体上公布并加以撤销。

2. 资助资金的基本流向

基本上，资助金和委托费在被采用后，资金会从资金分配机构流入被采用研究者所属的研究机构。在研究机构的监管下，研究者按照资金分配机构认定的研究计划（我国的经费预算，笔者加）使用该资金。研究机构对于研究资金的实际执行，原则上在资金交付的会计年度内进行，在该年度结束前整理好账目，经过出纳整理期限后，确定已经使用过的研究经费金额。

由文部省交付的科学研究经费资助金和科学技术振兴调整费等竞争性资金等，资金顺延到下一年度使用的情况仅限于具有合理理由的情形，并且该资助项目具有在第二年度完成的可能性。作为科学技术振兴机构运行费交付金的资金可以根据研究计划进行弹性使用。

3. 资金使用规则

进入研究机构的研究资金分为可直接使用的直接经费和电、热、水费等研究机构使用的、进行该研究所必要相关间接经费。间接经费的有无及直接经费同间接经费的比例根据各竞争性资金的制度不尽相同。

直接经费分为物品费、旅费、礼金等，关于各种费目可以使用或不能使用及费目间的挪用限制具体规定，其内容根据竞争性资金的制度各不相同。特定研究者同时获得多项竞争性资金时，不可将各个研究项目的资金共同出资购买一个物品，即不可将几个项目的资金合并使用。

如有资助金不正当使用的行为，根据资助金正当化使用法可将资助金收回。委托费的不正当使用可根据委托合同将资金收回。且对于不正当使用竞争性资金的研究者在一定期限内将禁止其申请竞争性资金。

4. 研究者、学术团体的自律及自我规范

面对不正当行为，除预防之外，首先必须形成研究者的自我规范以及学术团体、大学或研究机构的自律机制，以达到自净的目的。这一点必须在所有层次的研究中都作为重要的课题被充分认识。培养年轻研究者的导师们不仅应该理解自律和自我规范的意义，更重要的是要对年轻研究者和学生进行示范与教诲。

（三）学术不端行为产生的原因分析

1. 学术不端行为的分类

从广义上可以将学术不端行为分为科研活动中的学术不端行为以及竞争性资助资金的不正当使用行为。

科研活动中的学术不端行为主要包括伪造、篡改及剽窃他人研究成果等；资助资金的不正当使用行为则包括礼金、资助金等不正当使用行为、物品购入费的不当使用行为以及旅费的不正当使用行为等。

2. 研究活动中学术不端行为产生的原因

有关学术不端行为产生的原因，日本文部科学省在《关于应对研究活动中不正当行为的指导方针》中进行了系统的归纳总结，认为造成研究活动中不正当行为的原因如下：

（1）获得与巨额资助相称的或者尖端的研究成果

为了能够获得与巨额资助相称的成果，或者为了继续开展尖端研究，以求在与其他的研究者之间的竞争中获胜，进行不正当行为的"必要性"被连连抬高。另外，也有研究者认为，能够获得巨额资助的项目很容易被推定为优秀的研究项目，并且担忧没有显著成果就被确定为没有完成的项目，这种现象也就导致了急躁的计划与成果主义的产生。

（2）获得职称的需要

职称评定标准的日益严格，导致获得职称的竞争异常激烈。因此一些研究人员，特别是年轻研究人员，为了尽早获得相应的职位，急于发表优秀研究成果的心理也导致了相当一部分学术不端行为的产生。

（3）科研伦理的缺失

加塞特科所说，"学术是人类最崇高、最伟大的追求和成就之一，其崇高程度要胜过作为一个教育机构的大学本身，因为科学就是创造……无论我们喜欢与否，科学把普通人排斥在外，它所涉及的是一种非常少见、与人类一般常规活动相距遥远的行为，科学家就像现代修道士……数量有限的科学家能够比较独立地对待事物，他们看到的是珍珠而不是隐藏着珍珠的牡蛎"①。因此，从事科学研究的工作者应该有着高尚的道德品质。然而由于利益的驱动以及个体道德自律的缺失，导致一些学者不能恪守科学研究道德，不顾科研伦理的规制展开学术研究活动。

（4）研究组织自净作用的弱化

随着研究领域的不断细化，甚至会出现不了解在本领域中其他研究者的研究方法之现象。加之对与研究活动的本质、研究活动及研究成果的发表方法相悖的行为视而不见，就很有可能构成重大的不正当行为。

（5）评价体系的推波助澜

论文影响力与论文质量评价指标的混淆，助长了此种情况下评价者和研究人员过度重视在著名杂志上刊载论文的倾向。

3. 研究经费不当使用行为产生的原因

文部省所管的竞争性资金的资金分配机构分别为文部科学省、独立行政法人日本学术振兴会以及独立性行政法人科学技术振兴机构。基本上资助金和委托费在采用后，资金从资金分配机构流入被采用研究者所属的研究机构。在研究机构的管理下，研究者按照资金分配机构认定的研究计划使用该资金。研究机构对于研究资金的执行，原则上在资金交付的会计年度内进行，在该年度结束前整理好账目，经过出纳整理后，确定已经使用过的研究经费金额。

如有资助金的不当使用行为，可以采取将资助金收回或者在一定期限内将禁止其申请竞争性资金的处罚措施。但是在近些年的科学研究中亦发生了以下的有关资助金的不当使用行为：

（1）通过捏造、篡改出勤表等，制作虚假的礼金账目或虚构雇佣者，从研究机构领取与实际不符的礼金、资助的礼金、资助等不正当使用行为。具体来讲在申报研究协助者礼金时，向大学申请比实际工作时间多的工作量；让研究室的学生在没有实际劳动的情况下虚构成短期雇佣者，让大学生向大学领取工资后，研究者再要求大学生返还工资。通过不正当行为获得的资金作为其他研究协助行为的礼金、追加为其他礼

---

① 奥尔托加·加塞特：《大学的使命》，徐小洲、陈军译，浙江教育出版社2001年版，第75—76页。

金或用于购入其他研究所需的消耗品。

　（2）通过虚构工作人员和虚假的物品购入交易，从研究机构提取出资金存放至其他工作人员处或挪作他用。具体的事例如串通其他人员虚构物品购入、捏造申请书等，将获得的资金作为预存款放至合伙人处管理，作为研究设施的费用及支付研究协助者的礼金使用或制作虚假消耗品购入记账单，将资金侵占或作为研究生学生会等旅行费用使用。

　（3）通过完全虚假或部分虚假出差，申请不正当旅费，获得其中差额的行为。具体情况例如去国外出差时，用估算的正规原价的机票申请报销并通过估算报销取得旅费，实际上购买便宜的机票从而取得差额。还有实际并未出差的情况下提交出差报告书从而获取旅费，或通过实际出差天数少于计划出差天数，对于每天的差旅费不进行精算只按照推算等，不当获得旅费或获取其中的差额据为己有。或者将通过以上手段获得的差额用于支付与外出或赴国外的研究者同行的研究者的配偶的旅费或用于支付聚会等费用。

　综观上述有关资助金的不当使用行为，其产生的深层次原因如下：

　（1）研究者道德意识的缺乏

　研究者缺乏道德这一问题作为不正当使用行为的背景经常被提及。如一旦获得竞争性资金，研究者就会认为"自己取得的研究经费就是自己的东西"，不会意识到自己所取得的经费是通过财政税收征得的公共性资金。甚至有些学者对公共竞争性资金的来源，是国民为了构建人类知识框架和提高国民福利待遇而缴纳的税金这一基本常识都没有认识。以上各种认识都是导致研究者不正当使用行为的原因。

　导致研究者道德意识低下的主要原因并非完全是由于对社会性的认识不足而产生的道德标准的低下，此种解释并不能解决问题。实际上竞争性资金制度的规定和研究机构内部规定相混淆，导致本应非常好把握的规定变得非常混乱。在竞争性资金等制度的构成和研究活动中，特别是与大学教育中的为培养合适的人才所进行的必要活动相背离。两者相加导致对遵守竞争性资金等使用的相关规定方面的意识薄弱，正当性与不正当性之间没有明确的界限。以上才应是造成研究者遵守相关规定意识薄弱的主要原因。

（2）研究机构组织管理不到位

作为研究活动中不正当行为产生背景的第二方面是研究机构不能正确地管理竞争性资金。例如，在购入物品时，从下订单到收货确认全部是研究者自己完成，或以研究室为单位进行处理。本部的办公室人员等第三方没有进行应有的监督检查，这也是诱发不正当使用行为的原因之一。而且，有些机构的研究者相对于事务人员有着优越感，从而导致事务人员对于研究者的监督检查较难进行。

在研究机构中，上情下达型的运行模式较为少见，一般多以研究者或研究室为单位，在尊重各个部门的独立性、自律性的前提下进行运行。例如在大学中，均是以比各个职能部门或专业、学科、部门小的单位进行研究活动。关于对整个机构统一进行内部管理、检查方面，包括体制构筑都有一些不完备的地方。

加之，即使发生的不正当使用行为，也将其作为进行不正当使用研究者的个人行为，而不作为单位问题进行处理。还有一些由于调查、惩戒的标准模糊而导致不了了之。所以，确保组织运行的透明度应作为最根本的问题而不能予以忽视。

（3）竞争性资金制度及运用方面存在问题

作为不正当使用行为的背景，不能否认竞争性资金等制度方面和运用方面都存在着问题。特别是国家财会中的会计年度独立原则，所谓的单年度会计主义和资金分配的拖延，也是导致竞争性资金的不正当使用行为的主要原因之一。

日本的财会制度是以1年为单位的单年度主义，每一年度的预算执行原则上必须在该年度中进行。竞争性资金的额度取决于每一年度的预算，其执行也应在财会制度的范围内进行。竞争性资金的交付也是在每年度进行，资金的使用和交付都要在年度内进行。

向研究机构、研究者实际交付资金的工作本应在年初完成，但实际上普遍相对较晚，最快的也要晚两个月左右，甚至有些情形下在年度末才进行交付。因此，资金便不能保证研究进程顺利的进行。其他方面，到了年度末，由于单年度会计主义，为了用尽所有额度，会购买一些非必需品或将资金使用在其他项目上。其中最主要的问题是研究经费须在年度内使用这一制约，使得研究机构内的事务必须在研究经费执行期限内提前办理完手续，而下一年度资金的交付又有拖延的情形，这两者相加导致研究经费使用出现很长一段青黄不接的时期。因此会出现前一年度获得的研究经费不正当储存起来，以应对青黄不接时期的情况。原本符合相应的条件，并且具有合理的事由的情况下，将本年度的工作在有可能完成的前提下滚入下一年是允许的，但是，对于允许将研究经费滚入下一年度使用的制度改革，包括也有通过对研究经费资助金从本年度滚入下一年度的实例进行对策讲解，可惜的是研究者对于这一制度的主旨仍然不是非常了解。关于这一点，需要各研究机构向研究第一线的研究者正确地传达信息，资金的分配机构也应向直接研究者进行提示说明。

虽然存在被分配的资金禁止在各个用途之间挪用的限制，但这一限制不能很好地应对在研究过程中出现的与当初申请时不同的资金需求，还有，对于可以用该资金进行使用的用途的限制，也不能很好地对应实际研究活动中一些必需的资金需求，因此，这些不足点也成为通过虚假申请等手段进行不正当使用从而将资金预留备用的背景原因之一。

虽然同一研究者在同一年度有可能获得多个不同的竞争性资金等，但特定的竞争性资金中的经费只允许研究者用于其申请的研究项目。对于类似的研究活动同其他竞争性资金合起来购买大型机器，不允许这种不同竞争性资金合计使用情况发生，也是产生不正当的会计处理的背景之一。购买其他价格便宜的消耗品等也需要估价单或申请书等材料，购入较便宜且机动性强物品困难也是背景之一。

原本研究就不是能够完完全全地根据预先制定的机制进行的事情，加上不同的事业适用同样的会计制度就更加显得不合理了。

四　处理学术不端行为的法律程序

（一）与竞争性资金有关的研究活动中学术不端行为认定程序

本程序适用于受领了文部科学省所管理的由内阁府认定的款项并进行研究活动的研究者，这些研究者所隶属的机构以及接受了这些竞争性资金的机构在使用了文部科学省以及其所辖的独立行政法人的资助机构、大学等研究机构所提供了资金的研究活动中，伪造、篡改以及剽窃等不正当行为。非故意的行为不属于不正当行为。

1. 检举程序

（1）检举的受理

研究机构以及资助机构各自设置关于不正当行为告发的受理窗口，确定其名称、场所、联络地址、受理方法等，公告于众。研究机构等为防止恶意检举，原则上只受理署名检举以及必须提供证明之所以是不正当行为的科学、合理的理由，若调查结果表明是恶意检举的，那么将有可能公布恶意检举人的姓名和惩戒处分等。检举者在进行检举时应列明进行不正当行为的研究者、研究小组、不正当行为的状态等，并拿出之所以不正当的科学、合理的根据。但是在特殊情况下亦接受匿名的检举，对于匿名检举，研究机构可以按照检举的内容，按署名检举的标准处理。另外，对于由媒体和学会等提出的对不正当行为的怀疑，按照匿名举报标准处理。

（2）受理机关的义务

研究机构在受理检举行为的过程中，受理机关要对检举的内容进行认真细致的审查，在严守检举内容及举报人情报的同时，在调查结果公布之前，不得将检举人、被检举人、检举内容以及调查内容向调查关系者以外的人泄露。换言之，就是要彻底保护相关者的秘密。另外，对于没有足够理由而以不正当行为进行的检举，可以对检举人进行相应的警告。但是研究机构等不得仅以检举和被检举为理由对检举者及被检举者实施解雇或惩戒处分，或者全面禁止研究，等等。

2. 调查程序

（1）调查机关

研究机构的研究者被举报有不正当行为的情况下，原则上该机关将对该案件进行调查。当被检举者属于多个研究机构时，所属的各个研究机构应进行联合调查。如被检举者没有所属研究机构，或者应负责调查的研究机构实施调查有很大困难时，在资助机构特别同意的情况下，由该资助机构执行调查。也可以委托其他研究机构、学术协会等研究者的地方组织进行调查。

（2）调查体制、方法

对于检举案件的调查，实行预备调查与正式调查并举的方式。

　　预备调查主要是调查机关围绕检举内容的合理性、进一步调查的可能性等进行的调查论证。调查机关要在 30 天以内决定是否进行正式调查，在决定实施调查的情况下，就要向检举人、被检举人和其所隶属的机关及资助机构发出通知。如果不进行正式调查的话，调查机关在向检举者通知的同时保存预备调查资料，并按照资助机构和检举者的要求进行公示。

　　正式调查。在展开正式调查时，调查机关应组建由该研究领域的研究者且该研究者不属于该调查机关人员的、与检举者以及被检举者没有直接利害关系人员组成的调查委员会，并且要向检举人和被检举人公布调查委员的姓名。双方可对此提出异议。调查机关要设定调查委员会的调查权限并通知相关人士，并围绕与被检举的研究相关的实验、观察笔记、原始数据等各种资料的详查及对于相关者的听证、再次实验的要求等进行调查，在调查的过程中必须听取被检举者的辩解。此时，虽然须保障被检举者进行研究的时间，但不得假借此目的来拖延举证。

　　另外，调查机关在调查时，可以对可能成为与被检举研究相关的证据的资料采取保全措施。调查结束前，调查机关应对检举等相关研究的资助机关的请求作出向资助机关提出调查的阶段报告。

　　3. 认定程序

　　调查委员会在正式调查开始后根据调查结果，认定是否为不正当行为，如果被认定为不正当行为，则要说明其不正当行为内容、不正当行为参与人和参与程度，以及被认定为与不正当行为的研究有关的论文与原文，原始研究的相似程度等。如果被认定是基于恶意检举的非不正当行为，调查委员会也需对其进行认定，并且须给予检举者辩明的机会。此时，被检举者有责任以科学证据说明研究是遵从科学的、适当的方法进行的，论文也是基于其要求的方法而写出的。

　　被检举者在无法出示原始数据、观察笔记、测试材料、实验药品等应存在而不存在的证据的情况下，除非这些证据超出合理的保存期限，均被认为是不正当行为。关于解释说明责任的程度和基本要素，根据研究领域的特性，可以委托调查委员会进行判定。

　　调查委员会在接受被调查者所作的说明的同时，依据调查所得的物证，准确的证据、证词，被告自认的各种证据，进行综合判断，以确定是否为不正当行为。当被检举者自身的说明不能洗清不正当行为的嫌疑时，将被认为是不正当行为。再者，在被检举者的原数据、观察笔记、实验试料及试剂不存在等本应存在的基本要素不足的情况下，因其不能推翻嫌疑，所以同样被认作不正当行为。

4. 通知以及报告程序

调查机构把调查结果迅速地通知给检举者、被检举者及其所属机构、资助机构。当出现认定为恶意举报时，调查机构也通知检举者所属机构。公布的内容至少要有参与不正当行为者的姓名、隶属机关、不正当行为的内容，以及调查机构在截至发表结果之时所采取的措施，调查委员的姓名、所属机关、调查方法、程序等。调查机关如果认定为没有不正当行为的话，原则上不发表调查结果。但是如果论文等中有非故意造成的误解时，要发表包含调查委员的姓名的调查结果。被认定为恶意检举的情况，要发表包含恶意检举者姓名及其隶属机关的调查结果。

5. 申诉程序

被认定为不正当行为的被检举者以及被认定为恶意检举的检举者，在审查机构规定的期间内可以向调查机构申诉。申诉不服的审查由调查委员会进行。但是，当申诉不服的主要内容与调查委员会的构成、公正性有关的时候，根据调查机构的判断，可以由其他人代替调查委员进行审查。调查委员会审查有关申诉不服的理由以后，决定是否应该进行再调查。再调查开始后会遵循相应的程序，例如在50天以内，决定是否推翻先前的调查结果，并把结果立即报告给调查机构，调查机构随后也应向被检举者、被检举者所属的机构通知该结果。

（二）　与竞争性资金有关的研究活动中学术不端行为处理措施

1. 对于检举者以及被检举者的处理措施

（1）调查中的临时措施

①研究机构的中止资助

研究机构在决定进行本次调查后，在接到调查委员会的调查结果报告为止的期间，可中止对被检举人研究的相关资助。

②资助机构的中止使用、保留等

接到调查的阶段报告的资助机构对被检举者，在调查机构得出调查结果为止的期间，可以中止支付有关该项目的经费。对于已经决定交付给该研究的研究经费和其他被检举者已经申请了的竞争性资金，可以对该支付持保留态度。

（2）认定已实施不正当行为情况下的紧急措施等

①中止使用竞争性资金

在被认定为不正当行为的情况下，对于为有关不正当行为的研究提供资金的研究机构和被认定参与了不正当行为的研究人员，以及虽没被认定参与但被认定为对不正当行为的论文负有责任的负责人员（以下称为被认定者），其所属研究机构要立刻中止对其竞争性资金的支付。

②研究机构的处置等

研究机构对所属的被认定为不正当行为的研究者在基于内部章程给与处置的同时，劝告其撤回被认定有不正当行为的论文等。

（3）认定没有不正当行为情况下的措施

①在被认定非不正当行为时，提供该项研究资金的机构以及被举报者所属的研究机构，要解除中止支付经费以及采取的保留等措施。

②调查机构等要广泛告知该事件不是不正当行为，并采取恢复相关人员名誉等消除不良影响的措施。

③当被认定为恶意检举的情况下，检举者所属的机构要对其按照内部章程进行恰当的处置。

2. 资助机构对不正当行为人的措施

（1）惩罚措施的协商机制

①处理监督委员会

资助机构设立有不正当行为的处理委员会。该委员会要按照资助机构的要求，讨论对被认定者应该采取的措施并将其结果报告给资助机构。

②委员会的构成

委员会在原则上，由具有判断相关研究不正当行为的能力、了解相关领域的研究方法等专家，以及与该研究和研究者无直接利害关系的有识之士构成。

（2）措施的决定

①委员会的讨论

委员会根据资助机构的要求，对调查机构举行听证，彻查调查结果、确认调查内容、调查方法、手法、步骤及调查委员会的构成。该委员会斟酌不正当行为的重大性、恶劣性、危害性、被认定者的参与程度或被认定有不正当行为的研究的情况等，迅速地将有关措施的讨论结果报告给资助机构。

②决定对策

资助机构基于委员会的报告，决定对被认定者的对策措施。

③决定对策的通知

资助机构将有关决策及适用对象等情况通知给其所属机构及该资助机构以外的资助机构。收到通知的资助机构按照决定采取对策。文部科学省向各府省（相当于我国国务院的部委和地方省级行政机构合起来的简称）负责国家经费支出的竞争性资金处提供关于该措施及其对象的相关信息。

（3）措施的对象

①存在不正当行为之研究论文的作者（包含共同编著人）；

②存在不正当行为之研究论文的参与者；

③虽然没有被认定为参与不正当行为，但对存在不正当行为之研究论文承担责任的人员。

（4）措施的内容

资助机构对于"（3）"中的对象，采取以下措施之中的一项或者数项。原则上措施内容有以下标准，将不正当行为的严重性、恶劣性、每个被认定者的不正当行为具体的参与程度或被认定为不正当行为的具体情节，作为决定各个案件的依据。但根据委员会的判断特别需要的时候，不妨碍采用其他的措施。特别是在检举之前撤销论文的情况下，对于"（3）"中的对象不采取措施，作为对"（3）"中对象合适的关照。检举之后如果立即撤销论文的话，对"（3）"中对象者可以不采取措施。

①终止资助

（a）对于"（3）"中三种对象俱全者，终止拨付竞争资金。该项竞争资金以及在做处理决定时还未被分配的剩余研究经费，或者下一年度以后计划分配的研究经费等，以后都不再进行分配。

（b）对于具备"（3）"中之一或二的行为人，除去研究竞争资金以外的资金，拨付给他们的所有文部科学省所管的竞争资金，以及在决定处理措施时还没有分配的剩余的研究经费，或者下一年度以后计划分配的研究经费，按照以下方式处理。

第一，在"（3）"中之一或二中，被认为是该研究的负责人的，今后再以负责人身份进行的任何研究，都将不再拨付经费。

第二，在"（3）"中之一或二中，被认为是该研究的分担负责人或者是研究辅助者的，今后在其他研究中，将不拨付给该人使用研究经费。

②不予资助竞争性资金

（a）对于本段"（3）"中被认定为不正当行为的主要负责人申请文部科学省所管的竞争资金，应不予通过；

（b）文部科学省所管的竞争资金的申请中如存在本段"（3）"中被认定为不正当行为的研究分担人或研究辅助人员，如果研究项目组成人员中不将该人剔除的话，则项目申请不予通过。

③追回资助

在被认定存在科研中的不正当行为时，相关责任人需要将全部或者部分已经支付的经费予以返还。返还金额按照上述原则，同时考虑其性质恶劣程度而决定。

（a）未使用研究经费的返还

第一，终止全部的研究时，除了要求研究小组进行未使用研究经费的返还以及解除合同外，也要求他们要对尚未交付或者尚未使用的物品进行交付、解除使用合同并返还相应的购入费。

第二，未终止全部研究时，要求"（3）"中的对象对有关不正当行为的部分进行未使用经费的返还以及解除合同。另外，也要求其对尚未交付或者尚未使用的物品进行交付、令其合同的解约，并偿还采购费等。

（b）研究经费全额返还

对于一开始就以实施不正当行为为目的的极端恶劣的研究活动，要求三者中其一或其二的被检举者全额返还该研究项目分配的研究经费。

④限制申请资助

对于"（3）"中的对象，限制其对文部科学省所管的全部竞争资金的申请。限制申请的期间，根据不正当行为的严重性、恶劣性及参与不正当行为的程度具体确定，由委员会区分定案。另外，利用其他府省所管的竞争资金的研究活动中有不正当行为者，其申请也按照其他府省对不正当行为的认定而采取同样的措施。

对于三者俱全者，限制其对文部科学省所管的全部竞争资金的申请。限制申请的期间，根据不正当行为的重大性、恶劣性及参与不正当行为的程度，由委员会根据区分定案。另外，利用其他府省所管的竞争资金的研究活动中有不正当行为者，其申请也按照其他府省对不正当行为的认定而采取同样的措施。具体而言，实施不正当行为者，根据不同情况，在一定期间内申请竞争资金会受到限制。

（a）"（3）"中之一的被揭发者

被认定存在不正当行为的项目研究主要负责人、研究分担者（共同研究者）及其研究辅助者在申请所有文部科学省所辖的竞争资金资助时，限制资助年限为不正当行为发生年度次年以后的两年到十年。

（b）"（3）"中之二的被检举者

"（3）"中之二的被检举者被限制申请资助的年限是两年到十年。

（c）"（3）"中之三的被检举者

"（3）"中之三的被检举者被限制申请资助的年限是一年到三年。

（5）处理措施和诉讼的关系

①处理之后被提起诉讼的情况

资助机构在不正当行为处理完毕之后如果调查机构中设置的调查委员会对其不正当行为的认定，若被提起该认定是不适当的诉讼，只要法院没有判决其认定是不适当，则调查认定要继续执行。

②处理之前被提起诉讼的情况

资助机构在对不正当行为进行处理之前，即使调查机构中设置的调查委员会所做的对不正当行为的认定被提起该认定并不适当的诉讼，调查委员会也无须非得等待诉讼结果出现后再做相应的处理措施。

③处理之后在诉讼中视为被推翻的情况

（a）资助机构在对不正当行为处理完毕之后，如果其对不正当行为的认定被法院判决确定为不适当，则应该立即撤销。并相应地返还研究经费，资助机构应向处理对象者重新交付资助金额。

（b）在"（a）"的情况下，如果资助机构采取了中止拨付研究经费的处理措施，资助机构应决定是否重新启动对被中止资助对象的资助资金拨付程序。

（6）处理内容的公布

资助机构决定处理措施的时候，在原则上应该立即公布处理对象的姓名、所属（机关）、处理内容、进行不正当行为的资助项目名称，该研究经费的金额、研究内容和不正当行为的内容，以及调查机关进行的调查结果报告等。但是，对于不正当行为被检举之前已经被撤销之论文等研究的不正当行为责任人，有关其姓名、所属研究机构等信息可以不公开发布。再者，关于检举者姓名，未经检举者同意不得公布。

资助机构在不正当行为发生时，需要把将要采取的制裁内容以及制裁对象的范围，刊登在竞争资金的公募要点和委托合同书（包含附属资料）上。研究人要事先了解这些情况后，为再争取竞争性资金或者为再取得资助合同进行相应处理。

五　防止学术不端行为的措施

（一）组建日本学术会议

鉴于国内外频发科学家不正当行为，为了督促各个部门防止再次发生科学家的不正当行为，根据第 18、19 期"学术社会常置委员会"中关于科学家行为规范的研讨以及防止科学家不正当行为的内容进行组建日本学术会议。日本学术会议于 2005 年 10 月设立了"科学家行为规范研讨委员会"，并由研讨委员会起草了"科学者行为规范"（暂定版）以及"贯彻施行科学者行为的自律"，2006 年 4 月得到日本学术委员会的承认。之后，日本学术会议将此文件以调查问卷的形式向全国的1251 所大学及高等专门学校、272 个研究机构、1296 个日本学术会议协助的研究团体进行调查。在该调查问卷中，对于"科学者的行为规范"（暂定版）的内容进行了广泛的信息收集的同时，调查了各机构中对于科学者的道德要求、行为规范的设置情况。

调查问卷具有启示意义的回答有 1332 个，其中，大多数为对于

"科学者的行为规范"（暂定版）持肯定态度，认为必要事项已基本列入该文件，但也有认为该规范过于抽象，缺乏具体性内容。而且还有些认为该规范缺乏对于在个别领域中特有事项的规定。另外，对于道德要求、行为规范设置情况的问卷调查从1323个机构中的回答可以看出各个机构均正在进行促进科学者的自律行为的一些具体行动。经过2006年4月汇总、调查问卷等广泛的意见收集和慎重的讨论，完成了由"科学者行为规范"和"实现科学者自觉的规范行为"构成的关于研究者行为规范的声明。2006年10月，日本学术会议正式通过了科学家行为规范研讨委员会起草的《科学者行为规范》。

日本学术会议在第18、19期的"学术与社会常置委员会"中，从人文社会科学到自然科学涉及的所有学术领域进行了关于不正当行为的讨论。各期的委员会通过对外报告"关于防止科学研究中的不正当行为"、"科学研究中不正当行为现状及对策——科学者共同体的自律性"的发表，加之以"关于科学研究中的不正当行为的防止"为题的宣传手册的分发以及演讲会等，对于科学者的不正当行为进行持续性的关注。

1. 组织机构运行者的责任

（1）制定包含"科学者的行为规范"主要思想的各机构的道德规范、行动指南，并通知各个组成人员贯彻执行。

（2）组织机构的运行责任者应参与制定科学研究道德规范制度，以及事先制定出对于不正当行为相应的处理措施。

2. 研究道德教育的必要性

对于构成人员来说，该规范包括禁止不正当行为、研究调查数据的保存及规范公正地处理相关问题，还有对于可以保持研究活动与社会正确关系的研究道德规范的教育、研修、继续开发等。该规范可以推进特别是对于年轻科学者在科学领域中的研究道德教育。研究道德教育使其在了解已经存在的、具体的不正当行为的同时自觉地思考问题。

3. 研究团体须注意的问题

通过对各研究机构内研究团体之间保证自由、公平、透明、公开的关系及运行的确立，促进在研究道德规范层面意见的交换，建立相互监督的环境，杜绝不正当行为的发生。通过成员从事科学研究事业，参加不可替代的公共理性事业，将其培养成为具有公共意识的科学研究者。

4. 研究过程中须注意的事项

在研究的立案、计划、申请、实施、报告等过程中，科学者须严格遵守"科学者的行为规范"，诚实地进行上述活动。

5. 对于研究中不正当行为的处理

为了避免产生捏造、篡改、盗用等不正当行为，应尽早确立以下制度。

（1）设立接受不正当行为投诉的窗口。在受理不正当行为投诉时需查清投诉内容是否属实。

（2）确保投诉人投诉后不会受到利益损害。

（3）如有可能存在不正当行为时，应根据现有制度迅速查明事实，进行公正的处理，并公开处理结果。特别是捏造、篡改、盗用数据的行为应严肃处理。

（4）研究设施、经费的使用应严格按照相关法令、法规执行。还应注意防止研究活动的萎缩，制定可以应对利益相反等情况发生的制度。

6. 自我检查系统

通过自我检查、监督系统，对道德规范进行自我评价，以便一进步改善。

（二）　制定科学工作者行为规范①

科学是以实践和合理的求证为宗旨逐步建立起来的知识体系，是人类共有的极其重要的知识财富。而科学研究则可以说是人类勇敢向未涉及领域的挑战、创造新知识的一种行为，该行为属于社会共有，也因社会的发展而存续。因而基于科学研究的自由和以科学家为主体的研究活动，得到了社会的信赖和依托，社会给予了认同。担负创造知识财富的科学家，在倡导学问自由的口号之下，通过自己的专业推理，享受真理探索特权的同时，也负有专家或非专家的重大职业责任。特别是科学研究活动及其成果在给予人类造成深远影响的现代社会里，科学家是依赖逻辑判断来进行科

---

① 见《科学工作者行为规范》。

研行动的。健全的研究制度，发达的研究手段，发展的研究环境，有助于推进更加丰富的人类社会发展。科学家要发挥对社会的诠释责任，在自觉参与建立和维持科学与社会健全关系的同时，必须严正确立科学研究的行为逻辑规范。科学家的行为逻辑规范既是表示对社会的科学理解，也是科学探索的基本要求。在具备以上基本认识的前提下，日本政府为了科学的研究和发展，基本实行的是一套自上而下的管理、振兴体制，在日本综合科学技术会议之外，又在政府总理府内设立了另一个总理大臣所辖的特别机构——日本学术会议。该机构现在隶属于日本总务省。且日本学术会议起草了本国科学家共同拥有、自律和遵守的行为规范条例。该规范共11条，遵守这些行为规范，是为了保障科学研究的质量，同时也不失社会对科学家个人和团体的信赖和尊敬。

该规范界定科学家的责任首先是保护自己创造发明的专业知识和技术性行为，其次是更进一步自觉运用自己的专业知识、技术、经验，针对社会安全、安宁，保护人类健康和福利，保全人类的生存环境，促进社会进步①。因此，科学工作者在从事科学研究的过程中，科学家本人在从事课题立项、计划、申请和制定实施报告的过程中，要用本条例诚实地规范自己的行动，彻底而严肃地处理和保存研究调查的数据记录，杜绝捏造、篡改、盗用等违法行为的发生，努力整顿容易产生违法行为的研究环境。②

日本学术会议③，大学研究机构，学术协会应对不正当行为分别有不同的措施。

1. 日本学术会议的措施

为了全面审视研究者道德规范，确立科学的研究者自律伦理规范，日本学术会议计划于2006年秋之前，制定完成全体科学工作者共同的行为规范，并已如期完成。

2. 大学、研究机构、学术协会的措施

（1）制定行为规范以及对不正当行为的处理准则

大学、研究机构及学术协会旨在建立、制定研究者被指出具有不正

---

① 见《科学工作者行为规范》第1条。

② 见《科学工作者行为规范》第5条。

③ 日本内阁所属关于科学领域重大事项的最高审议机构。

当行为嫌疑时，应采取的调查程序和方法等相关规范。

（2）防止措施

①贯彻有关研究活动中应该遵守的法则

大学、研究机构、学术协会应当制定记录保管实验、观察笔记，保存实验、药剂等研究活动的操作规则，并且要在研究者及学生间彻底执行。此外，也要制定上述记录材料的保存期限。

②研究者道德素质的提高

大学、研究机构及学术协会应认真实施有关研究伦理的教育启发，以提高研究人员的业务道德素质。指导他人的研究者应当以组织的名义对其教育，务必令其真正领悟研究伦理的精髓。

（三）建立可以防止发生不正当行为的环境

日本不当行为对策委员会就年度发生的多起研究经费不正当使用事件为契机，整顿在大学等研究机构中公共性基金研究经费的管理、监察体制，制定面向研究机构的指导路线。经过多次研究讨论后，形成《研究经费不正当使用对策检讨会报告书》，结合该报告书的第 4 节及其他法律文件，防止研究经费不正当使用的管理和监督方法如下：

1. 明确研究机构责任体系

为了正确、适当地对竞争性资金等进行运行、管理，须明确竞争性资金的运行、管理等环节相关人员的责任和权限体系，并向机构内外进行公示。具体而言：

（1）确定包括全体机构的竞争性资金的运行、管理的相关最终责任人，并将其姓名、职务公开。最高管理责任人原则上应由该机构的最高长官担任。

（2）确定辅助最高管理责任人，并且是整体性对竞争性资金的运行、管理负有实质性责任的责任人，并将其姓名、职务公开。

（3）确定各部门（例如大学的学部、附属的研究所等、具有一定独立性和事务机能的组织）中对竞争性资金的运行、管理负有责任和权限的责任人，并公布其姓名、职务。

（4）最高管理责任人应对统括管理责任人和部、局责任人所负责的竞争性资金的运行、管理发挥相应的负责人作用。

（5）对机构进行适当的判断时，可以以部、局等单位区分责任范围，也可以通过资金制度进行责任范围的区分。此时为了避免责任范围不清，须对责任范围作出明确的规定。

2. 建立排除、抑制不正当使用行为发生原因的环境与体制

《研究经费不正当使用对策检讨会报告书》指出，在具有研究经费的不正当使用行为时常发生可能性时，最高管理责任人须构建可以排除、抑制不正当使用行为发生原因的环境与体制。具体包括：

（1）做到规则的明确化、统一化

应建立让所有研究者和事务性职员均容易理解的规则，并确保规则与实际情况的匹配，应在考虑实际情况的基础上建立最高效、最公正的规则，不要墨守成规。但是，为了避免出现规则与实际情况相背离，应不允许出现对违反规则的事件作为例外情况来处理。对于不得不作为例外来处理的事项，应制定例外事件处理方针，并将处理程序以及处理手续进行公开，尽最大努力制作被认定为例外事件而进行处理的惯例集并将其公开。

当然，由于研究领域不同的特性等具有合理理由时，在研究机构经过全体讨论之后，可以设定多个类型的规则。制定出的规则要进行体系化处理，并以令研究者及事务性职员易于理解的形式进行公布。

（2）明确职务权限

研究机构应在机构内部经过明确讨论后，确定与竞争性资金等事务处理相关的研究者和事务性职员的权限和责任，明确每个环节相关人员的职务权限，确定与职务权限相应的明确的审批手续，在业务分配时，应避免发生业务分担与职务分管规程相冲突的情况。当然，为了避免分管规程等不加修改而与实际情况相背离导致该规程成为一纸空谈、责任的所在模糊不清等情况的发生，对于规程在必要的时候可以进行适当的修改。

另外，为了防止不正当使用行为的发生，对研究者有必要进行明白适当的检查，并构建适合现场检查的体制。

（3）提高相关人员的意识水平

应使获得资助的研究者个人意识到即使是由于研究者个人的创意并提案，最终获得通过的研究课题，该课题也是由公共性质的研究经费资

助的项目，应受研究机构的管理。因此，研究人员应充分理解研究活动的特性，杜绝不正当使用行为研究者、研究者团体自己决定并制定出规则，使研究者认识到遵守此规则是研究者必须履行的道德行为。

（4）完善调查及惩戒的相关规程并使之透明化

应制定明确调查不正当使用行为的相关手续的规程，调查不正当使用行为相关的规程运行机制，以及明确惩戒的种类及其适用的必要手续的规程。在规程的实施过程中，注意确保适用手续的透明性。惩戒措施要综合考虑不当使用行为的恶劣程度，在不正当使用行为的调查结果公布之前要制定相关的文件。

3. 把握不当行为发生的原因并制定规制计划

通过把握不正当行为发生的原因、制定并实施具体的防止不正当行为发生的应对计划，唤起相关人员自主地配合，以达到防止不正当行为发生的目的。

在计划的制定上，要对不正当行为发生的原因经常在哪个环节出现，以什么形式出现，在机构内部体系化地进行整理评价。结合评价结果针对不当行为发生的要因制定防止不当行为发生的计划。与此同时需要注意以下几点：

（1）充分把握不当行为发生的原因

在此需要注意以下几点：规则同实际情况是否背离；是否由于审批手续的烦琐从而导致责任的不明确；对于经费使用的检查是不是非常完善。例如，是否有由于事务性职员同研究者之间没有能够进行很好的意思沟通，从而导致事务性职员不能很好地对于研究者经费使用状况进行确认的情况出现。或者，是否有研究者同经费使用对象之间关系过于密切，从而导致较难进行检查、确认；预算执行是否没有在特定时期内进行；是否有过去对于研究者资金没有交付的问题存在；是否有竞争性的资金等集中在部、局或研究室的情况；是否有将非常勤雇佣者①的管理工作交予研究室的情况。

（2）需注意不正当行为相关的原因可能有多个。

---

① 一般是相对于正式雇员使用的一个日语词汇。多指在部分工作时间内工作的情形。此类雇员多从事辅助性的工作，或为临时雇员等。

（3）把握具体的要因时，要广泛地寻求整个组织的协助，使其能认识到实际中发生不正当行为危险性较高的环节，并促使其能够自觉地配合改善。

（4）针对不正当行为发生要因制定的防止不正当行为计划。以当前应当解决的事项为中心，在明确以上内容的同时还需要定期地对计划进行修改。

（5）制定防止不正当行为计划时，不仅仅要对财会方面进行讨论，还应对于防止违反规则系统及业务的有效性、效率性等方面进行讨论。

（6）为了防止各部、局等对于防止不正当行为计划的执行出现不同步的情况，对于部、局等应实行监控。

另外，在计划的实施方面要在研究机构的全局部署防止不正当行为计划的推进负责人，并在最高管理责任人做出表率的同时，全体机构也应自觉地推进防止不当行为发生的计划。

①防止计划推进部、署①是最高管理责任人直属，可以负责全体机构事务的部门。可根据机构的规模以现有的部门充当防止计划推进部、署，也可以使现有部门的职员兼职负责防止计划推进部、署；

②防止计划推进部、署需要具有研究经验的职员加入；

③防止计划推进部、署的设置不同于机构内部监察部门，在与内部监察部门保持紧密联系的同时，还需要起到对内部监察部门进行检查的作用；

④防止不正当行为计划实实在在地实施是最高管理责任人的责任，实际发生不正当使用行为时将会对最高管理责任人进行问责；

⑤部、局等在全体机构内不但自己不发生不正当行为，还要协助防止计划推进部、署，自主地实施防止不正当行为计划。

4. 正确、适当的运行和管理活动

在防止发生与研究者关系过于密切的同时，还应发现与不正当行为相关联的问题。建立第三者的具有实效性的检查体系，具体实施事项包括：

（1）验证预算的执行情况、确认是否与实际情况相符合。如有预

---

① 即防止不当行为计划推进的组织机构，有时称为部，有时称为署。

算的执行比当初计划明显拖后的情况，应确认能否按时完成研究计划，如不能按时完成应采取相应措施；

（2）在发出订单阶段实行支出财源特定，要能把握预算执行的状况，避免拖后；

（3）鉴于不正当的经费使用多发于研究者同业者的关系过于紧密的情况，应考虑防止双方关系过于密切；

（4）构筑、运行关于发出订单、验收业务应有当事人以外的人员进行的有效的检验机制；

（5）在机构内制定明确的交货验收及确认非常勤雇佣者工作情况等研究经费管理体制；

（6）机构应制定停止与发生不正当交易行为的业者继续交易的处分方针；

（7）制定部、局等能够把握研究者是否正在执行了出差计划的体制。

在执行上述事项的同时，还需要密切注意以下几点：

①在年度末集中执行预算时，在执行过程中需要注意可能出现的问题，事务职员须向研究者确认执行拖后的理由，必要时可要求其改正；

②与物品调拨相关的检查体系，应是在调拨业务整体框架中，起到防止不正当行为的发生和促使研究圆满、高效完成的作用；

③即便是通过书面进行检查，不应只是形式上的文件核对而应是把握实际业务的情况；

④即便是研究者为了灵活订货而将一定金额以下的货物直接发出订单时，不管以往的管理如何，研究机构也要从发出订货单的记录方法或发出订货单可能的金额范围等尽可能的进行统一；

⑤收货单应在与实际缴纳的货物核对后进行保存，以便日后接受检查；

⑥即便事务部门在对物品调拨实施验收中出现了实际工作的困难，也应排除发出订单者的影响进行实质的检查；

⑦如果在研究经费的执行中有较原计划推迟的情况出现，可以积极按照滚入下一年度许可制度或合理地利用规则中的弹性规则执行。

5. 设置通报窗口传达情况

向机构内的相关人员渗透对规则的理解，以及恰当传达从机构外获得的信息的体制，是正确、适当地运行、管理竞争性资金的重要前提条件。

在信息体制构建上需要注意以下事项：

（1）关于竞争性资金的使用规则等问题应设立接受机构内外商谈的窗口；

（2）设置接受机构内外的举报窗口；

（3）构筑向最高管理责任人适当通报不正当使用行为的相关信息的体制；

（4）确认研究者及事务性职员对于机构制定的行动规范和竞争性资金的相关规则的理解程度；

（5）对外公布与竞争性资金的不正当交易行为相关的机构方针和决策手续。

另外，在具体实施上要注意以下几点：

①在处理举报问题时，应注意保护检举人的权益；

②应保护被诽谤中伤的被举报人；

③通过实名检举时，原则上向举报者通报根据接收到的举报内容而采取的措施；

④机构内外的商谈窗口及举报窗口的机构应在主页等积极地公开；

⑤对于行动规范和竞争性资金的规则理解程度等调查，尽量把握是否有规则形式化或不能遵守规则的情况发生，如发现问题，应向最高管理责任人负责下的相应的组织（纪检委、监察室等）反映，以寻求解决；

⑥民间企业在企业活动方面，较难将企业内部规程等对外公布时，可以以向资金分配机构报告的形式代为对外公布。

6. 进行日常性监察

构建可以将不正当行为发生的可能性降到最低，并对于全体机构具有实效性的监管体制是重中之重。

在监管体制构建上需要注意以下几点：

（1）为了正确、适当的对竞争性资金等进行管理，全体机构应构筑日常举报以及监察制度；

（2）内部监察部门除了要对以会计文件形式存在的重要财务信息

等文件进行核对检查外，还应对于体制上的不完善进行检查；

（3）内部监察部门需强化同防止计划推进部、署的协作，对不正当行为发生的内部原因，实施内部监察；

（4）内部监察部门作为最高管理责任人直辖的组织，应赋予其必要的权限；

（5）应强化内部监察部门同监事以及会计检查人的协作。

在具体事务的实施上还需要注意：

①为了强化内部监察部门使其具有更高的专业性，对于人员的配置应从全体运行机构中进行考察和选拔。

②内部监察是确认、验证全体机构是否能有效地起到一定作用的体制，站在全体机构的立场上实现检验机能。以调拨业务为例，在发出订货单、支付现金的现场进行核实，以及通过与防止计划推进部、署一起，对日常监管体制是否能起到一定作用进行确认。

③监事以及会计监察人和内部监察部门应避免相互影响，要进行关于机构内部不正当行为发生要因的监察或监察重点项目的信息交换。有效地、高效地、多角度地实施监察。

④内部监察部门应同纪检委或外部商谈窗口等机构内的组织合作以发挥监察的效果。

⑤实施内部监察时，针对掌握的不正当行为发生的要因，随时修改监察计划以期达到高效化、正当化。

与此同时，为了防止竞争性资金的不正当使用，研究机构应彻底地贯彻竞争性资金的管理原则，并围绕上述的1—6建立相应的管理、监察体制。为了高效地构建相应的管理监察体制，日本研究经费不当行为对策委员会还为研究机构管理监察体制的构建提出了指导方针。该指导方针仅适用于接受文部科学省或文部科学省所管辖的独立行政法人分配的竞争性资金的企业、财团法人、NPO以及外国的研究机构等，但是小规模的企业、财团法人、NPO或是国外研究机构等较难遵守本指导性方针。在已经构建相应规程的情况下，以社会法为基础对内部管理系统进行维护。该指导方针是指示一些针对关于文部科学省或文部科学省所管辖的独立行政法人分配的、以竞争性资金为中心的公募型研究资金的分配接受机构进行正确管理的必要事项。

该指导方针制定的大前提考虑到竞争性资金等为由研究机构交付的且为了个人研究者完成研究活动而设立的。竞争性资金等虽然对于个人研究者有辅助的特性，但由于其来源是国民的税收，所以不应辜负国民的信赖。另外，被委托管理竞争性资金的机构责任人，在具有研究经费的不正当使用行为发生可能性时，须构建可以排除、抑制不正当使用行为发生要因的环境与体制。研究机构应对竞争性资金的管理负有责任，从其第 1 节到第 6 节将各个研究机构应实施的课题分门别类地进行记述，在第 7 节中记录文部科学省围绕那些课题的实施情况评价所采取的方针、政策。

（四）文部科学省对研究机构的日常监督

文部科学省及文部科学省所管辖的具有独立行政法人性质资金分配机构（以下称文部科学省等）需要对研究机构进行上述 1—6 所记课题实际实施情况的确认、评价以及相对的其他行为。

1. 基本方法

文部科学省等对获得资金分配的研究机构正确使用、管理研究经费的相关事务负有责任与义务。文部科学省等在对研究机构的管理体制进行指导的同时还需要把握实际实施状况，敦促其进行一些必要的改善。因此需要文部科学省等实施的事项有：

（1）设立有识之士的讨论场所，在按照指导性方针确定的路线实施的同时，还需要根据实际对指导性方针进行必要的修改。

（2）文部科学省等需以督促研究机构自发处理问题的形式进行指导。改善管理体制的指导、修正错误等，除非在紧急的必要时期，否则以上行为须在综合考虑是否会影响研究活动进程的基础上分阶段的实施。

在具体实施上则需要注意：

①文部科学省将上述方法有效地组合起来，在尽可能不增加研究者及研究机构负担的基础上高效地、有成果地进行验证。

②研究机构为了抑制不正当使用行为发生而正在努力从合理的角度构建一个完善的体制时，虽然有其构成人员个人有图谋地、有计划地实施不正当使用行为的发生，文部科学省也不应直接向相应机构

问责。

③研究机构的问题有些是在部、局中存在，而以部、局为代表存在于整个体制中的问题，则其责任在于该机构的负责人。因此，对于整个体制中存在问题的相关评价以及根据评价结果所需要进行修正的对象原则上应是全体机构。

2. 具体的实施方法

需要文部科学省等及研究机构实施的事项有：

（1）研究机构应每年向文部科学省根据指导性方针建立的体制的实施状况进行书面的报告。

（2）文部科学省根据"（1）"的报告书内容确认指导性方针的（需要全机构实施的事项）的内容以及同该机构进行整合的程度。文部科学省在进行确认时需要与资金分配机构签订协议。

（3）文部科学省除根据"（2）"的报告书的内容进行确认外，以资金分配获得较多的机构为主，通过随机抽查的方式确定进行现场调查的对象，从而更好地把握研究机构体制整备的实际状态。

（4）文部科学省在"（2）"的确认结果和"（3）"的调查结果得到认可时，在指出该机构的问题所在的同时，还应将问题的事例以不公布机构名称的形式通知各个机构以引起应有的注意。

（5）被指出有问题的机构，在与文部科学省签订协议后，制作改正计划并实施。

（6）文部科学省在判断研究机构是否履行改正计划或是否已经解决体制中存在的问题的同时，应在邀请专家讨论的基础上，向该机构采取诸如有关管理条件的授予、机构名称的公布、部分经费的限制、停止分配等改正措施。在论证改正措施时，该机构可以进行抗辩。

（7）"（6）"的改正措施在确认已经改正后可以解除。

具体实施时需要注意以下事项：

①考虑到对象机构的多样性的基础上，制作与改正项目相关的判断基准（检查目录）并公开。

②研究机构应根据指导性方针迅速着手改善机构的体制整备等，在从可能实现的方面开始实施之后，报告从 2008 年度竞争性资金的申请开始时，改善机构体制整备等实施情况。

③评价、改正指导和改正措施基本上都是针对整个机构提出的。为了具体地把握问题的关键，会选取几个部、局进行现场调查作为评价整个机构体制整备等情况时的参考判断材料。

④发生资助经费不正当使用情况时，文部科学省要求该机构追加提供信息，通过实施现场调查等方式查明不正当行为相关人员的责任，另外调查体制整备等问题。然后根据调查结果按照上述（5）至（7）进行处理。

（五）学术振兴会对竞争性资金学术不端行为的预防

为了防止与竞争性研究经费不当使用有关的学术不端行为的发生，日本学术振兴会制定了有关研究机构根据公共形式管理、监督研究经费使用的指导性方针，该指导性方针还针对体制整备等实施状况报告书的样式以及提交方法等事项进行了具体规定。

1. 需要提交实施报告书的机构

需要提交报告书的机构有，从文部科学省或文部科学省所管辖的独立行政法人处获得竞争性资金的机构，以及申请科学资助金的研究者所属机构。另外，按照公募要领要求争取竞争性资金的机构也需要提交报告书。

2. 实施报告书的样式

研究机构不仅需要提交项目实施的报告书，而且报告书还要遵循规定的样式进行填写，有关具体的报告书样式需要从文部科学省的网站下载。

3. 实施报告书提交方法

实施状况报告书需要使用 e-red 电子申请功能进行提交，因此研究机构中必须有可以利用 e-red 的环境，未登录 e-red 的研究机构需要尽早完成相关手续。

4. 实施报告书制作、提交时的注意事项

（1）提交主旨

研究机构具有多种多样的特性及规模，在管理的具体方法上如果一味要求统一，反而会导致实际工作中的效率低下，很可能会出现研究机构的研究推行能力低下的情况，所以将构建一个怎样的制度这一问题交给各个研究机构去完成。在各个机构组织负责人的负责、指挥下，使作为构成人员的研究者和事务性职员自觉地参与并在参照注意事项的基础上，制定出符合研究机构各自特点，更加现实的、具有时效性的制度体系。

（2）制作报告书注意事项

第一，对于指导性方针的执行，最高管理责任者对于机构现状和课题的具体把握及相应的处理手段才是重中之重，避免形式主义。因此，本指导性方针，是要求各个机构报告其基于本方针，迅速着手建立体制整备等，并报告可能实现部分的实施状况。

第二，注意实施报告书的提交时间。

第三，为了避免实施报告书提交错误，提交实施报告书的主题只能是具有科学研究经费资助金的机构编号的机构，以及某一年度继续接受资金分配的机构。

第四，其他注意事项，主要是注意提交报告书的格式。

5. 其他事项

（1）实施状况报告书提交后的处理

在向各竞争性资金提供方的负责人提交实施状况报告书后，如果报告书中有不合适或不全面的情况，该负责人会指出问题所在，并要求制作改正计划。在不能判断已经实施了改正计划的情况下，文部科学省或文部科学省所管辖的独立行政法人将暂停对于该机构的竞争性资金的分配。

（2）现场调查的实施

为了把握各个研究机构中整备体制的现状和实施的实际情况，会不定期地以抽查的形式进行现场调查。

上述想法并不仅限于文部省所属的各部门，也同样适用于其他府省厅、地方公共团体所管辖的机构或企业、研究者。对于以上部门人员而言，也应参照文部省的指导采取适当的对策。

第五章

日本学术振兴会的科学伦理法律制度

一 科学伦理制度概述

科学伦理关系人类和自然的和谐共生与健康发展，因此必须把研究者的奇思怪想控制在科学的范围之内。在学术振兴会的法律制度中，有大量的规范科学伦理的规定存在，如《动物处分方法指针》、《实验动物安乐死指针》、《动物爱护与管理法》、《实验动物饲养管理标准》、《有关人ES细胞的树立及使用的指针》、《以遗传因子重组生物为主的使用等规制来确保生物多样性的相关法律》、《关于人的克隆技术规制的相关法律》等，这里包括了克隆技术、遗传基因转化、染色体分析、动物实验等可能出现科学伦理问题。因为这类问题专业领域不同，涉及违反科研伦理的认定的专业标准不同，处罚措施也不同，要根据对人类发展的不同影响区别对待。因此，日本采取分别立法的方式加以规制，并且规范极其详尽。相对而言，我国在科学伦理方面的规定过于粗放，有些领域法律规定依然是空白，需要积极向日本学习。

二 规范科学伦理的法律依据

随着科学技术的迅猛发展，科学伦理日益受到重视。日本作为发达国家在科学伦理方面制定了许多相关的规定，如《动物处分方法指针》①、《实验动物安乐死指针》②、《动物爱护与管理法》③、《实验动物饲养管理标准》④、《有关人 ES 细胞的树立及使用的指针》⑤、《以遗传因子重组生物为主的使用等规制来确保生物多样性的相关法律》⑥、《关于人的克隆技术规制的相关法律》⑦（以下简称为《克隆法》）等。这些规定涉及非常广泛，包括了克隆技术、遗传基因转化、染色体分析、动物实验等可能出现科学伦理问题的当代研究。所涉及人类研究行为的科学伦理制度，又是其中的重点所在。

（一）关于人类研究行为的法律规定

人类基因组与遗传因子解析研究，对生命科学以及保健医疗科学的进步作出了巨大的贡献，同时也在促进人类的健康与福祉、孕育新型产业等方面起了重要的作用。但是，人类基因组与遗传因子解析研究在伦理性、法律性与社会性等方面引起了许多未曾出现过的问题。因此，从维护人的尊严和人权，以及使相关研究能够取得社会的理解和支持的角度出发，有必要制定相关伦理规定以保障相关人的人权。

在这方面，日本文部科学省、劳动厚生省与经济产业省联合发布的《人类基因组与遗传因子解析研究的伦理指南》⑧（以下简称《遗传因子解析研究指南》）起了主要的指导作用。该指南是根据联合国教育科教文卫组织《关于染色体研究的基本原则》⑨、《遗传因子解析研究附随伦

---

① 1995 年（平成 7 年）7 月 4 日，总理府告示第 40 号。

② 社团法人日本实验动物协会，1995 年（平成 7 年）8 月 1 日。

③ "動物の愛護及び管理に関する法律"，1973 年（昭和 48 年）10 月 1 日法律第 105 号，最终修改于 2011 年（平成 23 年）6 月 24 日法律第 74 号。

④ "実験動物の飼養及び保管等に関する基準"，1980 年（昭和 55 年）3 月 27 日，总理府告示第 6 号。

⑤ "ヒト ES 細胞の樹立及び使用に関する指針"，2007 年（平成 19 年）5 月 23 日，文部科学省告示第 87 号。

⑥ "遺伝子組換え生物等の使用等の規制による生物多様性の確保に 関する法律（いわゆるカルタヘナ法）"，2007 年（平成 19 年）3 月 30 日，法律第 8 号。

⑦ "ヒトに関するクローン技術等の規制に関する法律"，2000 年（平成 12 年）12 月 6 日，法律第 146 号。

⑧ "ヒトゲノム？遺伝子解析研究に関する倫理指針"，2001 年（平成 13 年）3 月 29 日。

⑨ 2000 年（平成 12 年）6 月 14 日由科学技术会议生命伦理委员会汇总。

理问题的对应指南》①、《人体遗传信息国际宣言》与《个人信息保护法》② 等法律文件，由文部科学省、厚生劳动省，以及经济产业省共同制定的旨在规范人体染色体与遗传基因研究的伦理指南③。

《遗传因子解析研究指南》包括了：①基本方针与适用范围；②研究者、研究实施机构负责人、研究责任者以及个人信息识别管理者的职责；③包括知情同意制度、信息公开制度、遗传咨询制度、标本处理制度，以及伦理审查委员会制度等在内的保障性措施等方面的内容。

（二）关于克隆技术的法律规定

在科学技术迅猛发展的浪潮中，克隆技术的医疗研究与临床应用也越来越广泛。但是，克隆技术的医疗研究与临床应用较之其他生命科学与医疗，在科学伦理上可能会出现更多问题。这些问题可能会对人类的尊严、人类的生命及人身的安全，以及社会秩序的稳定带来重大的负面影响。④ 因此，为了规范克隆技术的应用，日本制定了以《克隆法》以及《特定胚处理的相关指南》等多部法律规范。

《克隆法》是有关克隆技术的基础法律，该法立法目的，是禁止把通过特定融合或者集合技术等，与克隆技术有关的技术制作的胚胎移植到人体或者动物胎内。⑤ 为此，该法律对克隆的概念进行了界定，明确了禁止的克隆行为以及内容与范围。⑥ 同时，也是为了加强政府对克隆技术研究与医疗应用的监督，确保《克隆法》的实施效果，该法还规定了有关特定胚的制作、转让、出口等事项，而且，当因偶然因素产生出特定胚时，关系人必须向日本文部科学大臣申报⑦，申报内容包括与此相关的，确保信息内容正确与及时的事项。⑧ 该法规定日本文部科学大臣有调查权⑨，和要求关系人提供相关报告，以及命令要求关系人采

---

① 2000 年（平成 12 年）4 月 28 日由厚生科学审议会尖端医疗技术评价部会汇总。
② 2003 年（平成 15 年）法律第 57 号。
③ 《遗传因子解析研究指南》序言。
④ 《克隆法》第 1 条。
⑤ 《克隆法》第 1 条、第 4 条。
⑥ 《克隆法》第 2 条。
⑦ 《克隆法》第 6—11 条。
⑧ 《克隆法》第 7 条、第 10 条。
⑨ 《克隆法》第 15 条。

取终止或者改善特定胚使用处理的权力。① 此外，该法中还包括个人信息保护②以及罚则等③内容。为了更好地规范有关特定胚使用行为，《克隆法》第 4 条规定日本文部科学大臣必须制定有关的《指南》，即《特定胚处理的相关指南》④（以下简称为《特定胚指南》)⑤，严格执行《指南》的规定⑥，以规范有关特定胚的使用。

《特定胚指南》对特定胚的处理进行了较为详细的规定，其内容主要包括：①有关特定胚的制作要件的事项⑦；②有关特定胚的转让以及其他有关特定胚使用要件的事项⑧；③有关特定胚的使用，应予以注意的手续上的事项⑨。《特定胚指南》上的规定使有关特定胚的转让以及使用有章可循，也使《克隆法》变得具有可操作性。

日本在科学伦理上的制度不仅局限于有关人类的生命科学，对有关动物实验研究行为的科学伦理也进行细致的规定。

（三）关于动物实验研究行为的法律规定

动物实验是在进行医学以及生物学研究中必不可少的重要手段，但是反对及限制和规范不必要的动物实验以及一些对动物产生苦痛的动物实验，越来越成为社会的共识。为了确保研究者能遵守科学、人道的要求，从事适当的、规范的动物实验，日本于 1973 年颁布了《动物爱护与管理法》。依据该法第 5 条的规定，日本环境省制定了《有关实验动物饲养与保管以及减轻痛苦的基准》⑩，日本文部科学省也制定了《关

---

① 《克隆法》第 12 条。
② 《克隆法》第 13 条。
③ 《克隆法》第 17—20 条。
④ "特定胚の取扱いに関する指針"，文部科学省告示第 173 号，2001 年（平成 13 年）12 月 5 日。
⑤ 《克隆法》第 4 条。
⑥ 《克隆法》第 5 条。
⑦ 《特定胚指南》第 1—4 条。
⑧ 《特定胚指南》第 5—9 条。
⑨ 《特定胚指南》第 10—11 条。
⑩ "実験動物の飼養及び保管並びに苦痛の軽減に関する基準"，2006 年（平成 18 年）4 月 28 日，环境省告示第 88 号。

于研究机构实施动物实验的基本指南》①，以规范学术研究中的动物
实验。

振兴会虽然仅是通过提供科学研究资助金、培养研究人员以及国际
学术交流等方式达到振兴日本学术研究的目的机构，其本身也并不直接
参与学术研究，但是作为承担振兴日本学术事业的核心机构，振兴会有
维护科学伦理秩序的义务。因此振兴会在相关的资助使用规则中都设有
有关生命伦理的规定。比如振兴会在《学振研究者使用规则（资助条
件）》② 的第 8 条－2，以及《科学研究费助成事业（学术研究助成基金
助成金）研究者使用规则（交付条件）》③ 的第 9 条－2 中规定，接受
其资助金的研究者必须遵守有关生命伦理的法律规定。

三 涉及人类研究行为的科学伦理制度

（一）人类基因组、遗传因子解析研究的伦理制度

推进科学研究的重要课题，是构建人民能够身心健康生活的社会。
其中 20 世纪后半叶开始的人类基因组、遗传因子解析研究，是当代人
留给下一代的珍贵遗产，对生命科学和保健医疗科学的进步有着巨大的
贡献，对人类健康、幸福地生活，对新型产业的扶植等都起到了重要的
作用。另外，人类基因组、遗传因子解析研究，对以个人为对象的研究
有很大的依赖，而且，研究过程中所得的遗传信息，会明确样本的提供
者和其血亲之间遗传方面的重要原因，于是，通过研究可能会引起各种
伦理性、法律性、社会性的问题。因此，尽力维护人类的尊严和人权，
取得社会的理解和帮助，对进行恰当的研究都是不可缺少的。为此，在
医学研究时，基于伦理规范等保障样本的提供者个人人权的同时，还必
须优先考虑科学性、社会性的利益，并基于此向社会进行详细的说明，

---

① "研究機関 等における動物実験等の実施に関する基本指針"，2006 年（平成 18 年）
6 月 1 日，文部科学省告示第 71 号。

② http：//www. jsps. go. jp/j-grantsinaid/16_ rule/data/shiyou_ rule/rule_ kiban. pdf ，阅览
日：2011 年 9 月 11 日。

③ http：//www. jsps. go. jp/j-grantsinaid/06_ jsps_ info/g_ 110428/data/kikin_ rule. pdf，
阅览日：2011 年 9 月 11 日。

在社会理解的基础上进行研究①。《人类基因组与遗传因子解析研究的伦理指南》就是集中规定这类研究的法律规范。

1. 基本方针及适用范围

该指南以人类基因组、遗传因子解析研究为对象，是作为适用于所有人类基因组与遗传因子解析研究的伦理指南而制定的。制定者希望通过该指南的适用，能够在研究的过程中取得社会的理解和帮助，能够维护人的尊严和人权，以谋求研究能得到适当的推进，因此，它规定了以下内容作为基本方针：

（1）充分考虑人的尊严；

（2）以被试者知情同意为原则；

（3）贯彻保护个人信息的原则；

（4）实施有益于社会的，对人类的智力基础、健康、幸福有贡献的研究；

（5）优先考虑保障个人人权的科学性、社会性利益；

（6）通过基于本指南研究计划的做成、遵守，和接受事前伦理审查委员会的审查、承认，来确保研究的妥当性；

（7）通过第三方对研究的实施状况进行调查和研究结果的公布，来确保研究的透明性②。

2. 相关主体的职责

（1）研究者③的职责

《遗传因子解析研究指南》比较全面地规定了人类基因组及遗传因子解析的研究者的职责，以保证相关研究顺利开展。作为研究者，其具体职责如下：

①研究须以改善对生命现象的究明、诊断、治疗、预防方法和增进健康为目的；

②在确认人类基因组、遗传因子解析研究的社会有益性的同时，必

---

① 见《遗传因子解析研究指南》序言。

② 见《遗传因子解析研究指南》第1条。

③ 在研究实施机关中，这里的研究者包括：研究责任者、研究实施担当者（包括从事接受提供样本工作的人）、实行遗传心理咨询的人、从事保护个人信息工作的人、研究实施机关的负责人等从事人类基因组、遗传因子解析研究的关系者。

须优先考虑科学性、社会性的利益，并保障个人的人权；

③履行说明义务并遵守知情同意原则；

④设法保护个人信息，不得泄露因职务上的便利而获取的个人信息；

④最大限度地考虑尊重人的尊严和人权；

⑤确保实施研究时的适当程序，接收外界权威人士的调查；明确地接受样本的提供者关于研究的进展状况方面的询问，公布研究结果等；

⑦注意实验样本的保存，审慎、恰当地使用样本，最小限度地使用其他人提供的样本等。

（2）研究实施机构负责人的职责①

作为研究实施机构的负责人，对于研究行为的开展本身，也要发挥其自身的重要监督作用，履行其应有的职责。

①监督研究责任者和实施研究的具体人员开展适当的研究，最大限度地保障样本提供者的人权，当研究者违反本指南的规定，或违背研究计划实施相关研究的，必须给予公开惩戒等处分。

②采取充分措施防止个人信息泄露。在处理不能匿名化的个人信息而进行研究时，要配置个人信息识别管理人员，并在必要时设置开展实际业务的候补者。

③设置伦理审查委员会作为咨询机构。但因处理提供样本的机构规模较小或其他原因，设置伦理审查委员会存在客观困难的，可以用由共同研究机构、公益法人或者学会设置的伦理审查委员会来代替。

④研究实施机构的负责人，应要求研究责任者定期报告研究实施状况（1年1次以上），要实施由外界权威人士定期的（1年1次以上）实地检查等制度，随时把握人类基因组、遗传因子解析研究的实施状况，出现问题的，视情况应当命令其变更、中止。

⑤研究实施机构的负责人，必须把已许可的研究计划书的副本，和关于研究实施状况定期报告书的副本，递交给个人信息识别管理者。

⑥研究实施机构的负责人，要设置面向样本提供者的意见窗口，必须适当地接受样本提供者提出的意见和相关咨询。

---

① 见《遗传因子解析研究指南》第4条。

　　⑦样本处理机构负责人，原则上将样本进行匿名化处理后，必须提供给外部机构（能够处理提供样本的机构，进行人类基因组、遗传因子解析研究机构）。

　　⑧样本处理机构负责人，在必要时应配备合适的遗传心理咨询机制，和完善的遗传心理咨询设施，保障样本提供者能够接受遗传心理咨询。

　　（3）研究责任者①的职责②

　　研究责任者的职责如下：

　　①研究责任者在实施人类基因组、遗传因子解析研究时，要事先做成研究计划书，并且必须征得研究实施机构的负责人的许可。变更研究计划书时应遵守相同的程序。

　　②研究计划书的制作必须充分地考虑研究的必要性，以防止对样本提供者产生的不利后果。研究计划书必须明确记载以下内容：知情同意的程序和方法，保护个人信息的方法，研究结果、样本的保存和使用方法，以及提供遗传咨询的方案，等等。

　　③要让所有实施研究的具体研究者遵守被许可的研究计划书规定的具体事项，还必须监督研究实施者采取恰当的方法，进行人类基因组、遗传因子解析研究。

　　④定期向研究实施机构的负责人书面报告实施状况（1年1次以上）。

　　⑤妥善处理样本提供者的个人信息。

　　⑥为保障样本提供者的人权和保护知识产权的考虑，必须定期地，或应样本提供者的要求，简要说明或公布人类基因组、遗传因子解析研究的进展状况和其结果。

　　（4）个人信息识别管理者的职责③

　　①原则上，个人信息识别管理者基于研究责任者的委托，必须在实

---

　　①　每个研究实施机关中，完成人类基因组·遗传因子解析研究的同时，汇总关于其研究业务的人，拥有关于人类基因组·遗传因子解析研究的有用性和界限以及生命伦理方面充足的知识的研究者。

　　②　见《遗传因子解析研究指南》第5条。

　　③　见《遗传因子解析研究指南》第6条。

施人类基因组、遗传因子解析研究前，将样本和遗传信息进行匿名化处理。并且，为了保障信息匿名化的顺利进行，必须对实施研究的具体人员的匿名化工作进行监督；

②个人信息识别管理者，原则上，不可向外部机构提供在匿名化处理时可以消除的个人识别信息；

③个人信息识别管理者除了实施匿名化处理外，还要恰当地监督研究实施担当者使用不能匿名化样本的行为，而且，为防止泄露包括个人识别信息的信息，必须进行严格的监督管理。

3. 保障性措施

《遗传因子解析研究指南》虽就相关主体的职责进行了详尽的规定，但是，为了保障有关人体染色组以及基因研究的顺利进行，《遗传因子解析研究指南》还规定有一系列的保障性措施，包括样本提供者的知情同意制度、信息公开制度、样本保存及处理制度，以及科学伦理审查委员会制度等。以下详述之。

（1）知情同意制度①

《遗传因子解析研究指南》规定，作为知情同意制度的原则，相关研究必须征得实验样本提供者彻底、充分的知情同意。对于这一原则又规定有以下详细内容：

①不可以用不合理、不正当、不公平的方法，选择提供样本的委托人。

②事前要向样本的提供者详细说明研究的目的、方法，可预计的研究成果，样本提供者可能承担的不利影响，样本的保存以及使用方法等。

③难于得到样本提供者本人做出知情同意的表示时，如果不接受上述个人提供的样本就不能维持正要进行的研究，经伦理审查委员会确认，并取得研究实施机构的负责人许可后，取得样本提供者之代诺者做出的知情同意，亦具有同等效力。此时，提供者或其代诺者享有任意反悔权。提供者或其代诺者反悔的，必须废弃匿名化的相关样本提供者的样本以及研究结果。

---

① 见《遗传因子解析研究指南》第8条。

④研究责任者在接受样本提供者知情同意的程序中，为了能够得到样本提供者或者代诺者的充分理解，应对必要事项加以说明并进行记载。在样本提供者有单一基因疾病的情况下，在利用遗传咨询中心的信息对其进行说明的同时，必要时应当给予遗传心理咨询。

⑤接受其他研究实施机构提供的样本或遗传信息的研究责任者，必须通过其他的相关研究实施机构的书面文件等形式，确认有关样本或遗传信息知情同意的有关内容。

⑥研究责任者，在实施人类基因组、遗传因子解析研究之前，设想人类基因组、遗传因子解析研究或对相关医学研究的使用，在接受样本的提供者的知情同意时，要阐明预想的具体研究目的，同时，必须说明包括个人信息匿名化在内的，如何管理、保护包括个人信息方面的措施，并求得理解。

（2）信息公开制度①

①研究责任者在进行人类基因组、遗传因子解析研究时，如果是在样本提供者希望公开自身遗传信息的情况下，原则上必须公开。但是，在进行上述公开没有意义，且征得样本提供者同意的可以不公开。

②研究责任者在进行人类基因组、遗传因子解析研究时，样本提供者并不希望公开自身的遗传信息的，原则上不得公开。

③研究责任者在未经样本提供者本人同意，虽经样本提供者本人以外的人要求公开样本提供者的遗传信息，原则上不得公开。

④在研究责任者想要公开有关单一基因疾病的遗传信息的情况下，除了充分考虑到医学上或精神上的影响等，而通过主治医师进行公开之外，如有必要，还必须进行遗传心理咨询。

（3）遗传咨询制度②

遗传心理咨询必须在拥有丰富的遗传医学知识，熟悉遗传心理咨询的医师，以及从事相关医疗事业的人的帮助下进行。通过对话，向样本提供者及其家属提供正确的信息，回答相应的疑问，加深他们对遗传性疾病的理解，消除他们由人类基因组、遗传因子解析研究和遗传性疾病

---

① 见《遗传因子解析研究指南》第9条。
② 见《遗传因子解析研究指南》第10条。

带来的不安、烦恼和疑虑，帮助他们能够在自我意志下，恰当地选择未来的生活。

（4）样本处理制度①

①样本的利用和保存

样本的利用要非常地谨慎，因此，在进行人类基因组、遗传因子解析研究之前，能否使用已提供保存的样本，应征得样本提供者的同意，并经伦理审查委员会的审查确认后，由研究实施机构的负责人决定。至于在本指南施行后而在研究实施之前提供的样本，研究实施机构的负责人和研究责任者要根据本指南的规定，就其使用进行审慎的判断。伦理审查委员会必须慎重地审查相关研究项目的使用样本可行性。

对样本的保存负有责任的研究者，必须遵守样本提供者的要求和研究计划书确定的方法。

②样本的废弃

研究责任者除去根据研究计划书自己保存样本，以及向人体细胞、基因、组织银行提供情况，如果样本的保存期限超过研究计划书规定的期限，必须遵守样本提供者的要求，进行匿名化处理后废弃。

（5）伦理审查委员会制度②

为了从伦理性和科学性的角度保证研究计划实施的妥适性，《遗传因子解析研究指南》还规定有伦理审查委员会③制度。伦理审查委员会主要是从伦理性和科学性的观点对研究计划进行审查，并作出相应书面文件来提出意见。但是，伦理审查委员会的委员，不允许在没有正当理由的情况下，泄露因职务便利而得到的信息，即使退职也要遵守。

为了能够对不同观点公正、中立地履行审查职责，伦理审查委员会必须建立恰当的组织运作机制，原则上必须公开议事内容。伦理审查委员会可以根据其决定，由委员长通过事先指名的委员或者下级组织，以迅速做出程序审查。其结果，必须由行使迅速审查权以外的委员或者上

---

① 见《遗传因子解析研究指南》第 11 条、第 12 条。

② 见《遗传因子解析研究指南》第 7 条。

③ 伦理审查委员会，是作为研究实施机关的负责人的咨询机关而设置的合议制机构。其职能主要是针对进行人类基因组、遗传因子解析研究是否恰当，及其他相关事项进行调查，审议包含从伦理性、科学性的角度，保障样本提供者等的人权等内容并提出意见。

级组织向伦理审查委员会报告。

（二）流行病研究的科学伦理制度

流行病学研究，是调查某种疾病初次患病事项的频度和分布，阐明其主要原因的科学研究。寻找疾病的形成原因，检验疾病的预防方法和治疗方法的有效性，或者为了阐明环境或生活习惯和健康之间的关系，都不能缺少流行病研究。流行病的研究，对医学的发展和国民健康的持续提高都会起到巨大的作用。

流行病学研究中，要使用研究对象的身心状态、周围的环境、生活习惯等具体信息。除了医师以外还有很多相关者从事此类研究。因此，保护研究对象个人尊严和人权的同时，为了使研究者能更顺利地进行研究，根据世界医师会赫尔辛基宣言和日本有关个人信息保护的法律，在实施流行病学研究时，要遵守向研究对象说明并征得其同意的原则。为此，文部科学省及厚生劳动省制定了《流行病研究的伦理指南》。流行病学研究首先要取得社会的理解和信赖，才能为社会做出更大的贡献①，并且是为健康水平持续提高的必要，才进行流行病学研究。所以，要求所有的流行病学研究的参与者，要根据本指南从事研究②。

1. 目的及适用范围

该指南，是以人的疾病成因和释明病情以及确立预防和治疗的方法为目的，并以流行病研究行为为调整对象的规范。该指南要求从事此工作的所有关系者，遵守本指南宗旨，即促进国民健康水平的持续提高，保障研究的自由，尊重个人的尊严和人权，保护个人信息，确保研究行为符合伦理性、科学性。该规范的目标是调整所有从事流行病研究的关系者之间的关系，力求使这种研究得到社会的理解和支持③。而作为流行病研究的研究者，在进行相关研究时亦需遵循以下的原则④：

（1）确保流行病学研究科学的合理性和伦理的妥当性；

（2）保护个人信息；

---

① 见《伦理指南》序言。
② 同上。
③ 见《伦理指南》1-1，2。
④ 见《伦理指南》1-3。

（3）遵循知情同意原则；

（4）及时公布研究成果；

（5）履行相关职责。

2. 研究实施机构负责人①的职责②

研究机构的负责人，在研究者进行流行病研究的时候需要履行一定的职责，关于其职责具体如下：

（1）必须让研究者彻底知道在进行流行病学研究时，要尊重研究对象者的个人尊严和人权，并为了保护个人信息采取必要的相应措施。

（2）必须设置伦理审查委员会。但是研究机构因规模较小，不能在相关研究机构内设置伦理审查委员会的情况和其他不必要的情况下，可以委托由共同研究机构、一般社团法人、一般财团法人或学会等设置的伦理审查委员会进行审查。

（3）就相关事项向伦理审查委员会提交议付材料。

（4）必须尊重伦理审查委员会的意见，相应决定是否许可有关研究计划和其他流行病学研究的必要事项。在这种情况下，研究机构的负责人，对于伦理审查委员会提出否定意见的流行病学研究，不能许可其实施。

（5）必要时，必须事先根据相关机构中实施的流行病学研究的内容，制定发生有害事项时的应急预案。

3. 保障性措施

（1）知情同意制度

流行病研究的开展需要以研究对象的知情同意为原则，且需要按照一定的程序取得研究对象的同意。但是，因流行病学研究的方法和内容、研究对象的情况和其他理由，不能提交知情同意的情况下，只有在取得伦理审查委员会的承认和研究机构的负责人的许可时，才可以在必要的范围内简略化或免除接受研究对象者提供知情同意的程序，或选择其他恰当的知情同意的方法。而且，接受研究对象提供知情同意比较困难的情况下，为了公共卫生水平的提高，在特别必要而相关研究对象对

---

① 属于进行研究的机关的法人的代表者和行政机关的负责人等的事业者和组织的代表者。

② 见《伦理指南》1－4。

流行病学研究的进行有不可或缺的作用时，在取得伦理审查委员会的承认和研究机构负责人的许可的情况下，可以接受代诺者（被认为是相关研究对象的法定代理人等能够代替研究对象者陈述研究对象意思的人）提供的知情同意。①

（2）个人信息保护②

①个人信息保护体制

在进行流行病学研究的时候，研究机构的负责人要承担起个人信息保护方面的职责，负责建立调整和保护个人信息的体制。在此方面，研究机构的负责人要承担以下的责任：

第一，调整保护个人信息的必要体制，让从事研究者使用个人信息时，为了谋求个人信息的安全管理，对相关研究者要给予必要的，而且是恰当的监督。

第二，上述职责可以委任给相关机构内合适的人。进行委托的时候，为了谋求委托者能够做到个人信息的安全管理和恰当地对待个人信息，必须对接受委托的人进行适当的、必要的监督。

第三，为了安全管理个人信息并防止个人信息的泄露、遗失或损毁，必须采取系统的、人性的、客观的和技术上的安全管理措施。

第四，关于死者的信息。鉴于死者作为人的尊严和遗属的情感，以及遗传信息和血脉亲缘的相通，为了把关于死者的信息和生存者的个人信息一样安全管理，必须采取系统的、人性的、客观的以及技术的安全管理措施。

第五，研究实施机构的负责人，必须设置受理研究对象提出意见的窗口，以能够恰当、迅速地对研究对象提出的意见或询问进行回应。另外，为了方便研究对象对窗口的利用，意见窗口的设置必须考虑设置负责人员和相应的利用程序等事项。

②利用目的的限制

在进行流行病学研究的过程中，对于个人信息的使用是要受到一定的限制的，即研究机构负责人在获取个人信息时，不得通过谎言或其他

---

① 见《伦理指南》4 - 1。

② 同上。

不正当的手段取得个人信息。而且使用个人信息时，必须尽量限定其利用的目的。变更个人信息的利用目的时，不能超过被合理地认为和变更前的利用目的具有相当关联性的范围。如有特殊的情况需要超过合理的范围使用个人信息，则必须事先取得研究对象或代诺者的同意，通过合并其他研究，从其他研究者处取得个人信息时，研究机构的负责人也要受到上述使用上的限制。

③个人信息使用

研究机构的负责人，在合理使用个人信息的时候，需要将个人信息的使用目的，向研究对象进行恰当的通知或者公开发表，且在变更使用目的的时候，也需要进行及时全面的通知或者公开发表。但是如若出现特殊的情况，在得到伦理审查委员会的承认时，可以不进行通知或公开发表。但只限于以下的几种情况：

第一，把利用目的通知给研究对象或公开发表，可能危害研究对象或第三者的生命、身体、财产和其他权益；

第二，把利用目的通知给研究对象或公开发表，可能危害进行相关研究的机构的权利或其他正当权益；

第三，国家机关或地方公共团体，必须协助完成由法令制定的事务的情况下，如果向研究对象等通知利用目的，或者公开发表有可能给相关事务的完成带来障碍；

第四，从取得的情况来看，能够确认利用目的的情况。

另外，研究机构的负责人，未经研究对象的同意，不得将个人信息向研究对象外的第三者提供，但是以下情况除外：

第一，基于法令规定的情况；

第二，基于保护人的生命、身体或财产的需要，而难以得到研究对象同意的情况；

第三，有特别的必要，为公众卫生的发展或儿童健全培养的推进，而难以得到研究对象同意的情况；

第四，国家机关、地方公共团体或接受其委托的人，有必要协助完成法令制定的事务时，因得到研究对象的同意有可能对相关事务的完成带来障碍时。

当然，在一定情况下，个人信息的利用行为需要停止，即在研究机构的负责人、被研究对象要求信息持有人停止某个人信息的利用，或消除其持有的相关个人信息的情况下，对这一要求的判断有合适的理由时，在纠正错误的必要的限度内，必须迅速停止利用其持有的个人信息。但是，对于相关个人信息的停止利用，需要大量费用或存在其他停止利用的困难情况，为了保护研究对象的权益而可采取替代措施时，不在此限。而且，信息持有人，因为能够识别相关研究对象的个人信息而违反可向第三者提供理由的规定，被研究对象要求停止向第三者提供相关个人信息的情况下，研究机构的负责人判断其要求有理由时，必须迅速停止向第三者提供相关个人信息。但是，对于停止向第三方提供相关个人信息需要高额的费用的情况和其他停止向第三者提供有困难的情况下，为了保护研究对象的权益而采取可替代的必要措施时，不在此限。

（3）样本资料的使用与保护①

①样本资料的使用

研究者使用样本资料，如果在研究开始前使用从人体采集的样本的，需要以知情同意为原则，但是如果不能取得研究对象的同意，符合以下几种情况，在得到伦理审查委员会的承认和研究机构负责人的许可后，也能够利用相关样本。具体为：

a. 将该样本进行匿名化处理；

b. 该样本在不符合 a 的情况下，提供样本时虽未明确利用于该流行病研究，但只要同意用于研究，满足下列要件也可以利用。

其一，公开包含有关实施该流行病研究利用样本的目的；

其二，该同意被合理地认为与该流行病研究的目的有相当的关联性。

c. 该样本在不符合 a、b 的情况下，满足下列要件也可以利用。

其一，公开包含有关实施该流行病研究利用样本的目的；

其二，成为研究对象的人明确拒绝成为研究对象；

其三，为提高公共卫生水平特别需要的场合，且征得研究对象的同意有困难的时候。

另外，研究责任者想要接受所属机构外的人提供的既存资料等实施

---

① 见《伦理指南》第 4 条 – 2。

研究时，必须将接受提供的资料内容以及接受提供的必要性写入研究计划书，并得到伦理审查委员会的承认并取得研究机构负责人的许可。

②资料的保存

研究责任者在保存有关流行病学研究资料时，在研究计划书中要记录其方法，同时为了不造成个人信息的遗漏、混淆、失窃、遗失，必须进行恰当的并且有利于确认研究结果的管理和整备。而当研究责任者超过研究计划书中规定的资料保存期限的，必须遵守研究对象提出的要求，进行匿名化废弃。若研究责任者在保存未制定保存期限的资料的情况下，当流行病学研究结束后必须迅速报告相关事项（具体包括资料的名称、资料的保管场所、资料的管理责任者、研究对象提供的同意表示等）。

（4）伦理审查委员会①

伦理审查委员会是作为研究机构的负责人的咨询机构而设立的合议制机关②。其履行对有关开展流行病学研究是否合适，和其他关于流行病学研究的必要事项进行调查，并从伦理性、科学性等角度，审议保障研究对象的个人尊严和人权的尊重等职能。其设置对于流行病学研究的开展具有十分重要的保障性功效。

①伦理审查委员会的职责和构成

第一，当临床机构的负责人征询有关研究计划是否符合《流行病研究的伦理指南》的要求，以及其他有关流行病学研究的必要事项等意见时，伦理审查委员会必须从伦理性和科学性的角度进行审查并且通过书面文件提出意见。

第二，为了能进行公正、中立的审查，伦理委员会必须由跨学科委员构成。

第三，伦理审查委员会的委员，禁止在没有正当理由的情况下，泄露因职务上的便利而获得的信息。即使辞职后也要遵守。

②伦理审查委员会的运筹管理

第一，与被审查的研究计划有利害关系的委员，不允许参与相关研究计划的审查。但是应伦理审查委员会的要求，可以出席其会议并进行

---

① 见《伦理指南》第2条。
② 见《伦理指南》第4条-（16）。

说明。

第二，必须公开有关伦理审查委员会的规则、委员的姓名、委员的构成以及议事的要点。但是，关于议事要点中研究对象的人权的尊重、研究独创性的保持、知识产权的保护或为保全竞争上的优势而为非公开必要的部分，不在此限。

第三，伦理审查委员会的委员，可以制定关于研究机构是否符合本指南的要求，和其他关于流行病学研究的必要事项的附议要点。

第四，对一般事项的审查，可以通过迅速审查方式进行。关于迅速审查的结果，必须向未直接参与迅速审查的其他所有委员进行报告。

③接受流行病学研究的报告

第一，研究责任者对研究期间持续数年的，根据研究计划书的规定，必须通过研究机构的负责人，向伦理审查委员会提交研究实施状况报告书。

第二，对研究对象产生危险或不利状况时，研究责任者必须立即通过研究机构的负责人向伦理审查委员会进行报告。

第三，伦理审查委员会，接受研究责任者根据第一或第二的规定提出或报告研究实施状况报告书时，可以向研究机构的负责人提出相关研究计划的变更、中止和其他关于流行病学研究的必要意见。

第四，研究机构的负责人认为有必要的，可以围绕相关研究与本指南的契合性，进行自我检点、查验及评价。

第五，研究机构的负责人，尊重上述第三中的伦理审查委员会的意见，并且基于第四的检点、查验和评价的结果，有必要时可以对相关研究计划的变更、中止和其他有关流行病学研究的必要事项做出决定。

第六，研究机构的负责人根据上述第五的规定对相关研究计划的变更、中止，和其他有关流行病学研究的必要事项做出决定的，研究责任者必须执行这些决定。

第七，研究责任者，在流行病学研究结束后应迅速通过研究机构的负责人向伦理审查委员会报告研究结果的梗概。

（三）临床研究的科学伦理制度

随着近年科学技术的进展，临床研究的重要性有所提高。临床研究的主要目标是致力于医疗中疾病的预防方法、诊断方法和治疗方法的改善，疾病原因和病情的理解以及提高患者的生活质量。即使被认为是最好的预防方法、诊断方法，以及治疗方法，也必须通过关于其有效性、效率性、便利性以及方法内容的临床研究，不断地进行再检查。

另外，医疗的进步最终不得不依赖临床研究的情况非常多，在临床研究中，与科学性和社会性的利益相比，必须优先考虑实验对象的福利。

根据上述内容，保护实验对象的尊严和人权的同时，为了能让研究者更加顺利地进行临床研究，日本厚生劳动省制定了《临床研究的伦理指南》。该指南是根据由世界医师会在赫尔辛基宣言中指示的伦理规范和日本关于保护个人信息的理论以及《有关保护个人信息的法律》制定的。该指南规定在实施临床研究时，研究者等应遵守事项的条文。但是考虑到在临床研究中会有很多复杂情形，该指南中只确立了基本的原则，研究责任者拟定临床研究计划，伦理审查委员会判断其是否合适，并要求以此原则作为根据，按照每个临床研究计划的内容恰当地实施①。

1. 目的及适用范围

《临床研究的伦理指南》是根据临床研究在设法推进医学研究上的重要性，并且从人的尊严、尊重人权以及其他伦理性和科学性的角度，制定从事临床研究的所有关系者应遵守的事项，据此实现取得社会的理解和帮助，谋求临床研究的顺利发展的目的。适用范围则是以为医疗的进步而实施的临床研究为对象，同时也以在国外实施的临床研究为对象②。

2. 相关主体的职责

（1）研究者的职责③

作为临床研究者需要承担的责任是很多的，包括个人信息保护、遵循知情同意原则等，具体如下：

①保护实验对象的生命、健康、隐私以及尊严；

②遵循科学性原则，以科学性文献和与其他科学相关的情报源，以

①　见《临床研究的伦理指南》序言。
②　见《临床研究的伦理指南》第1条－1。
③　见《临床研究的伦理指南》第2条－1。

及充足的实验为基础；

③遵循知情同意原则；

④必须采取保险和其他必要措施，防止相关临床研究实验过程中可能出现的对实验对象的健康带来的隐患，并给予事后补偿；

⑤必须充分考虑可能对环境及实验室动物造成的影响；

⑥在实施临床研究之前，必须接受有关临床研究的伦理，和其他实施临床研究所必要的知识的学习及其他必要的教育；

⑦保护个人信息。

（2）研究责任者的职责①

①研究责任者必须把向实验对象说明的内容、确认同意的方法，和其他的知情同意的程序中所必要的事项记录在临床研究计划中。

②要预估伴随临床研究而带来的危险，暂时无法预估的，原则上不可实施相关临床研究。

③启动或恢复临床研究的，必须得到临床研究机构负责人的许可。

④在临床研究计划中，必须公开临床研究的实施计划和工作内容。

⑤实施具有损害性的研究时，事先必须把有关研究的临床研究计划，登记在能够公开临床研究计划内容的数据库（限于由国立大学附属医院院长会议、财团法人日本医药信息中心以及社团法人日本医师会设置）中。但是由于知识产权等问题，公开会对实施临床研究产生明显障碍的情况下，经伦理审查委员会承认、临床研究机构的负责人许可的登录内容不在此限。

⑥必须拥有充足的专业知识和临床经验。

⑦为确保临床研究的恰当性和可信赖性，收集必要的信息并进行研讨的同时，必须将此内容对临床研究机构的负责人进行报告。另外，有必要时，必须变更临床研究计划。

⑧相关临床研究发生严重有害事项和不良状况时，必须立即向临床研究机构的负责人报告，消除影响后，每年一次向研究机构的负责人报告临床研究的进展状况和其他可能产生的有害事项。

⑨不良状况的发生，以及临床研究结束后，必须就其主旨和结果的

---

① 见《临床研究的伦理指南》第 2 条 –2。

概要通过书面文件向临床研究机构的负责人进行报告。

⑩与其他临床研究机构共同实施临床研究的，必须向其他相关的临床研究机构的研究责任者报告关于临床研究的严重有害事项和不良状况。

通过判断，所开展的临床研究引发的危险情况可能超过预期的利益，或者通过临床研究难以得到丰富的相关成果，抑或收效不大的情况下，必须中止或结束相关临床研究；充分保护个人信息；即使在临床研究结束后，还应让实验对象接受通过相关临床研究所得到的最佳方案的预防、诊断及治疗。

（3）研究机构负责人的职责①

①考虑临床研究的伦理性；

②确保临床研究的顺利实施；

③审查临床研究计划；

④公开临床研究计划；

⑤确保研究者得到充足的教育机会；

⑥向其他伦理审查委员会提出审查委托、提交议付材料；

⑦就相关事项向厚生劳动省进行报告等。

（4）组织代表者②的职责③

①履行个人信息保护方面的职责。

②对个人信息的安全管理措施。

③建立完善组织运行体制。如设置窗口受理意见、询问，包括询问手续、答复制度，等等。

④组织代表者，在被要求说明持有的个人信息的利用目的或公开持有的个人信息时，关于实施相关措施，可以征收手续费。另外，在这种情况下，必须斟酌实际费用在合理的范围内，制定相关手续费的金额。

---

① 见《临床研究的伦理指南》第 2 条 - 3。

② 拥有临床研究机构的法人的代表者和行政机关的负责人等的事业者以及组织的代表者。

③ 见《临床研究的伦理指南》第 2 条 - 4。

3. 保障性措施

（1）知情同意制度①

在临床病学研究开展的过程中，相关主体必须严格地贯彻研究对象的知情同意原则，此原则的遵循需按照一定的程序进行。

①研究者在实施临床研究时，必须对实验对象详细地说明以下事项：相关临床研究的目的、方法以及资金来源，可能引起的利害冲突，和研究者相关组织的关联，通过参加相关临床研究可预期的利益和可能引起的危险，必然会有的身体不适，相关临床研究结束后的应对措施，伴随临床研究有无补偿和其他必要的事项。

②在征得实验对象提供知情同意有困难，而相关实验对象对实施临床研究又具有不可或缺的作用时，只有得到伦理审查委员会的承认和临床研究机构的负责人的许可，研究者才可以接受代诺者提供的知情同意。另外，当未成年人和其他没有行为能力的实验对象决定接受临床研究的情况下，研究者在接受代诺者提供的知情同意的同时，必须取得实验对象本人相应程度的理解。

（2）样本使用及保存②

①样本的使用

研究者在研究开始之前使用从人体采集的样本等情况下，原则上要取得实验对象的同意，以及做成关于相关同意的记录。但是，没能接受相关同意的情况下，只要符合一定的条件，并取得伦理审查委员会承认，得到组织代表者的许可时，也能够使用相关样本。另外，研究责任者要接受所属机构外的人提供的既存样本实施研究时，必须将接受提供的样本的内容以及接受提供的必要性写入临床研究计划书，并需取得伦理审查委员会的承认和组织代表者的许可。而提供既存样本的人，在提供给样本采集所属机构外的人临床研究中使用样本的情况下，原则上，要得到相关主体的同意。不能接受相关同意的情况下，只有符合本指南的规定，才可以向所属机构外的人提供样本。

① 见《临床研究的伦理指南》第 4 条。
② 见《临床研究的伦理指南》第 5 条。

②样本的保存

研究责任者在保存有关临床研究样本时，在临床研究计划书中记录其方法的同时，为了避免出现个人信息的泄露、混淆、失窃、遗失等问题，必须进行恰当的、有助于研究结果确认整理的各项工作，且关于样本的保存，研究责任者必须遵守和实验对象之间的同意事项。在废弃样本时，必须匿名化。如果是保存没有制定保存期限的样本时，在临床研究结束后，迅速就相关事项（样本的名称、样本的保管场所、样本的管理责任者、得到实验对象提供的同意的内容）向临床研究机构的负责人进行报告。这些内容有变更时也需同样办理。

（3）伦理审查委员会①

伦理审查委员会通过充分履行其职责，很大程度上可以确保临床病理学研究的顺利实施及其伦理性要求，其具体职责如下。

①从伦理性、科学性的角度审查研究机构负责人关于临床研究计划是否符合《临床研究的伦理指南》的要求以及是否顺利实施情况的报告，并通过书面文件的形式通报其意见。

②伦理审查委员会的设置者，必须做成委员会的手续书、委员名册和会议记录或者记录梗概，并且根据相关手续书组织伦理审查委员会的工作。

③伦理审查委员会的设置者必须每年一次，向厚生劳动大臣等报告相关伦理审查委员会的委员名册、组织运转状况和其他必要事项。

④必须恰当地组建、运行管理伦理审查委员会。

⑤伦理审查委员会不允许在没有正当的理由的情况下，泄露因职务上的便利而得到的情报。在辞职后也要遵守。

⑥就相关伦理审查委员会的运转是否符合本指南的要求，伦理审查委员会的设置者需协助厚生劳动大臣实施实地或书面调查。

⑦伦理审查委员会的设置者，要保障伦理审查委员会的委员能够接受教育及研修。

⑧伦理审查委员会对一般性事项进行审查时，可以由委员长交付给委员进行迅速审查。以迅速审查程序审查的结果，必须报告给其他所有

---

① 见《临床研究的伦理指南》第 3 条。

委员。

⑨伦理审查委员会可以对正在实施，或者已经结束的临床研究的恰当性和信赖性进行调查。

四　克隆技术的科学伦理制度

关于克隆技术的相关法律制度主要由《克隆法》以及《特定胚处理的相关指南》等构成。

（一）　特定胚①的做成要件②

特定胚中能做成的胚的种类，在当前就是动物性集合胚，其做成的目的只限于移植给人的细胞并做成脏器的相关研究。做成者不得使用人受精胚或者人的未受精卵。且特定胚只有在以下的条件下才被允许做成。

（1）对于特定胚的研究，能够获得其他研究中不能获得的研究成果。

（2）想要做成特定胚的人（以下叫做"做成者"），拥有处理适当特定胚研究所需要的技术能力。

但是，无论任何人都不可以把人克隆胚、人与动物的杂交胚、人性融合胚，或者人性集合胚移植到人或动物的胎内③。

（二）　有关特定胚处理的相关事项

《特定胚处理的相关指南》规定的有关特定胚处理的相关事项，主要有特定胚的让受以及特定胚的输入和输出方面的内容，而且关于做成或者让受特定胚，以及在这些行为后试图处理特定胚的人（以下叫做"处理者"），在向文部科学大臣报告前，要听取机构内伦理审查委员会的意见。当处理者不属于机构的时候或者处理者所属的机构没有设置机

---

①　一个细胞（除去生殖细胞）或者细胞群，原封不动地在人或动物的胎内经过发生的过程而可能成长为一个个体的期间，开始胎盘的形成之前的东西。

②　见《特定胚处理的相关指南》第1条、第2条。

③　见《关于人的克隆技术等的规制的相关法律》第3条。

构内伦理审查委员会的时候，处理者听取其他有关各个机构所设置的伦理审查委员会的意见，就可以替代同项规定的意见听取①。另外，特定胚的做成或者让受后的处理，只限于从适当特定胚的做成到原始线条出现为止的期间内才能进行。只是，自特定胚的做成之日起算，经过十四天（以下叫做"经过日"）的期间内（次项中叫做"经过期间"），原始线条不出现的特定胚在经过日以后不可进行对其的处理②。

而且，打算做成、让受或者进口特定胚的人，必须把以下所揭示事项报告给文部科学大臣，具体包括：

（1）名字或者名称以及住所，并且有属于法人的情况下，其代表人的名字；

（2）打算做成、让受或者进口的胚的种类；

（3）做成、让受或者进口的目的以及做成的方法；

（4）做成、让受或者进口的预定日期；

（5）做成、让受或者进口后的处理方法；

（6）文部科学省令规定的其他事项。

另外，进行前项规定报告的人在打算变更有关报告事项的时候，依据文部科学省令之规定，必须向文部科学大臣报告③。而且只有在经过其报告被受理之日开始的规定时限后，才能分别变更做成、让受或者进口与报告相关的特定胚，以及与报告相关的事项④。而且按照《克隆法》第15条的规定，文部科学大臣在法律施行的必要限度内，可以让其职员检查报告人的办公室，或者进入研究设施检查文件以及其他必要物件，或者询问关系人。但是职员在进入办公室或者研究设施的时候，必须携带身份证明书，而且有关系人请求的时候必须出示。

1. 特定胚的让受

在符合一定的前提条件下，特定胚是可以进行让受的，按照《特定胚处理的相关指南》第5条的规定，让受只限于符合以下要件时才能进行：

---

① 见《特定胚处理的相关指南》第10条。

② 见《特定胚处理的相关指南》第7条。

③ 见《关于人的克隆技术等的规制的相关法律》第6条。

④ 见《关于人的克隆技术等的规制的相关法律》第8条。

（1）让受的特定胚做成要符合《特定胚处理的相关指南》中规定的事项；

（2）特定胚让受后的处理符合规定的研究目的；

（3）让受特定胚的人应当具备特定胚研究的技术能力；

（4）特定胚的让受除了运送费以及其他的必要经费外应无偿进行。

2．特定胚的进口与出口

目前，特定胚的进口暂时不允许，而在特定胚的出口方面，《克隆法》第三条规定的胚以外的特定胚在限制期间内，不可用于移植到人或者动物的胎内。

（三）保障性措施

1．知情同意制度①

做成者在特定胚的做成上使用人的细胞时，在适当特定胚的做成上需要以书面的形式取得细胞提供者（以下叫做"提供者"）的同意（但是提供者可以撤回其同意），且要考虑以下事项：

（1）提供者不得以不同意为理由，要求不进行无利益的处理；

（2）在尊重提供者意见的同时，还要站在提供者的立场，公正适当地进行说明；

（3）要为提供者是否同意留有必要的时间。

当然，为了获得提供者的同意，做成者需要就做成的特定胚的种类、做成的目的以及方法、被提供的细胞的处理、特定胚做成后的处理、提供者的个人情报的保护的方法、细胞的提供是无偿的意旨、提供者不接受无理由的处理而不同意的意旨、提供者能够撤回同意的意旨等事项，向提供者进行全面的说明。

2．伦理审查委员会制度②

关于做成或者让受特定胚，以及在这些行为后试图处理特定胚的人，在向文部科学大臣报告前，要听取机构内伦理审查委员会的意见。当处理者不属于机构的时候，或者处理者所属的机构没有设置机构内伦

---

① 见《特定胚处理的相关指南》第3条。
② 见《特定胚处理的相关指南》第10条。

理审查委员会的时候，处理者听取其他有关机构所设置的伦理审查委员会的意见，也可以替代同项规定的意见听取①。

五　涉及动物实验研究行为的科学伦理制度

（一）概述

动物实验是医学、生物学研究的必不可少的重要手段，甚至如果没有实验动物的贡献就谈不上医学、生物学研究成果的发展。与此同时社会上反对动物实验、批判动物实验的团体逐步增多，反对动物实验、批判动物实验的呼声也逐步增强。但他们反对的是一些不必要的动物实验，或是一些对动物能产生苦痛的动物实验，即不注重动物福祉的实验。科技人员也应充分考虑只有在必要的情况下，才使用动物进行实验②。

从科学的角度，正确理解地球上生物的生命活动，对人类的幸福、环境的保护和再生等很多问题的解决都有着极其重要的作用。为此，动物实验等是必要的也是不得已的手段，既如此，就必须要从爱护动物的角度恰当地进行动物实验。

正因基于这样的考虑，为了保证研究者以科学和福祉的观点，适当、规范地进行动物实验，日本已于 1973 年颁布了《动物爱护与管理法》，这是日本有关实验动物的最高大法。根据这一法律，1980 年总理府颁定了《实验动物饲养及保管基准》，这是可以进行动物实验的直接法律依据。该法要求在研究机构中设立动物实验委员会，将动物实验的实施继续进行下去，以有利于今后生命科学的发展，医疗技术的开发等③。

2005 年（平成 17 年）6 月，日本公布了修正部分有关动物的爱护和管理法的法律④，关于动物实验的理念增加了所谓 3R，即关于 Refine-

①　见《特定胚处理的相关指南》第 10 条。
②　见《日本实验动物实验指针》序言。
③　见《关于研究机构实施动物实验的基本指南》前文。
④　2005 年（平成 17 年），法律第 68 号。

ment（必须尽力减少动物的痛苦来进行科学上的利用）、Replacement
（在能达到科学上的利用目的的范围内，尽量以能够代替提供动物的方
法来进行利用）和 Reduction（在能达到科学上的利用目的的范围内，
尽量减少对动物的利用）的内容。这就为从科学的和爱护动物的角度，
恰当实施动物实验指明了方向。综合上述法律以及《关于研究机构实施
动物实验的基本指南》，下文展开关于动物实验的相关内容。

（二）动物的爱护与管理

1. 机构设置

为了更加积极有效地实现管理与保护动物，日本就有关动物爱护与
管理事项，设置了专门的人员和机构进行此项工作。可以说这些机构的
设置使得动物爱护与管理工作有了具体负责的部门和人员，使得其各项
规定能够切实地落到实处。这些机构和人员包括都道府县政府、爱护动
物责任者、爱护动物推进员以及爱护动物审议会等。

第一，都、道、府、县及国家。

（1）狗及猫的领取。狗和猫的所有者欲领回时，都道府县应当允
许领回。对所有者不明的狗或猫，若拾得者或其他人要求领取时，此规
定亦适用。

（2）都道府县知事有权要求市镇村长等，按第 1 项所规定的有关领
取狗及猫的事宜，给予必要的协助。

（3）都道府县知事有权委托以爱护动物为目的的公益法人及其他
人领回狗及猫。

（4）内阁总理有权与有关行政机关长官协商，对根据第 1 项规定请
求领回（狗猫）时的措施作出必要的规定。

（5）国家可以对都道府县等在预算范围内，根据有关政令规定对
第 1 项的（狗猫）领取事宜资助部分费用。

这种情况下，都道府县知事等（指都道府县行政长官）有权指定领
回狗或猫的领取场所。都道府县知事对市镇村长等，对按第 1 项所规定
的有关领取狗及猫的事宜，有权要求给予必要的协助。都道府县知事有
权委托以爱护动物为目的的公益法人及其他人领回狗及猫。在公路、公
园、广场及其他公共场所发现患病或受伤的狗、猫等动物或者狗、猫等

的尸体时，发现者应当努力迅速地通知狗、猫的主人，对不知道狗、猫主人的也要向都道府县知事等通报。当确认狗及猫的所有者随意繁殖这些动物而难以给它们以基本的饲养的可能时，为防止其繁殖，必须努力采取使之不能生育的手术及其他措施。

第二，动物爱护推进员。都道府县知事等，可以从本地区对推动狗和猫等动物爱护有热情和见识的人中，选定某人为动物爱护推进员。动物爱护推进员从事以下活动[①]：

①提高居民对动物保护和合理饲养动物重要性的认识；

②应居民的要求，为防止狗和猫等动物的任意繁殖而采取的绝育手术及其他措施，向政府提出必要的建议；

③应狗和猫等动物所有者的要求，为了使这些动物得到正确饲养的机会，在实行转让斡旋等方面提供必要的支持；

④为推动狗和猫等动物的爱护和合理饲养，国家或都道府县等采取措施时，动物爱护推进员应提供必要的协助。

第三，爱护动物责任者。地方公共团体根据条例规定，按规定进行现场检查或者进行现场调查以及其他动物爱护和管理事务时，可以设置动物爱护管理员，即爱护动物责任者等职位。爱护动物责任者作为该方公共团体的职员，应由兽医师等具有动物合理饲养及保管专业知识的人员来担任[②]。

第四，协议会以及审议会。都道府县等，为了协调以动物爱护为目的的公益法人、兽医师团体及其他在动物爱护和正确饲养方面进行普及启发的团体等；当地都道府县等，在实施推动动物爱护推进员的委托、支援动物爱护推进员的活动等方面，可以组织协议会[③]。

另外，在总理府下设置动物爱护审议会（以下称"审议会"）。审议会由15人以内的委员组成，委员由内阁总理从有学识、有经验的人员中任命。但是，必须半数以上是从具有与动物有关的专业学识的有经验者中任命。委员为兼任，任期为2年，但补任委员的任期为前任的剩余期限。

审议会根据内阁总理的咨询，调查和审议有关动物爱护及管理方面

① 见《爱护动物管理法》第21条。
② 见《爱护动物管理法》第17条。
③ 见《爱护动物管理法》第22条。

的重要事项。且内阁总理就相关事项必须向审议会提出咨询，审议会对有关动物爱护及管理的重要事项，向内阁总理陈述意见①。

2. 动物的合理饲养与保管

有关动物的合理饲养，内阁总理有权与有关行政长官协商，确定有关动物的饲养及保管应遵循的标准②。动物所有者、动物占有者、动物的销售者以及动物的经营业者等必须遵循此等标准的规定，履行自己的义务并承担相应的责任。另外，地方公共团体，在维护动物的健康及安全的同时，还要防止动物对人类的骚扰，可以根据条例的有关规定，对动物饲养和保管、动物的所有者或占有者的指导以及其他方面采取必要的措施③。

首先，动物的所有者或占有者，应充分认识到生命体动物的所有者或占有者的责任，在努力通过合理的饲养或保管以维持动物的健康及安全的同时，采取措施明确该动物为自己所有，并防止动物对人类的生命、身体或财产可能造成的危害，或者对人类的骚扰，并且，必须掌握其所有或占有动物的感染性疾病的科学知识④。

其次，从事动物销售人员对于销售动物的购入者，必须对该动物的合理饲养及保管的方法进行必要的说明，并努力使其理解⑤。

最后，动物经营业者在从事动物经营事业之前，需就相关事项向城市的行政长官提出申请，而且，申请文件必须附有饲养设施的配置图，和附近的周边标示图以及其他总理府令规定的文件。具体事项如下：

①姓名或名称及住所和法人代表；
②设置饲养设施的事务所的名称及所在地；
③饲养设施的构造及规模；
④饲养设施的管理方法；
⑤其他总理府令规定的事项。

另外，当经营事业需要变更时，必须根据总理府令规定，迅速且不

---

① 见《爱护动物管理法》第 26 条。
② 见《爱护动物管理法》第 5 条 –4。
③ 见《爱护动物管理法》第 7 条。
④ 见《爱护动物管理法》第 5 条。
⑤ 见《爱护动物管理法》第 6 条。

迟延地向都道府县知事提出变更申请。但是，其变更属于总理府令规定的轻微变动时，不在此列。而且在动物经营业者发生延续或合并时，延续或合并后的法人或者因合并新设立的法人，应继承该动物经营业者的地位。

作为动物经营业者为了保证动物的健康和安全，在饲养设施的构造、经营动物的管理方法等方面必须遵守总理府令规定的标准①。与此同时，都道府县或指定城市为了保证动物的健康和安全，在必要时，可以制定动物经营业者必须遵守的替代上款的标准。都道府县知事认为动物经营业者没有遵守相应标准时，可以对动物经营业者提出限期改善饲养设施的构造、经营动物的管理方法等方面的劝告，若动物经营业者不遵从劝告的，都道府县知事可以对被劝告者采取相应的措施。且都道府县知事，在必要限度内，要求动物经营业者报告饲养设施的状况、经营动物的管理方法及其他必要的事项，或者让其职员进入该动物经营业者设置饲养设施的事务所或其他有关场所，检查饲养设施及其他物件，但是应携带身份证明，向被检查者出示②。

3. 周边生活环境及人身权利的保护

无论是动物的所有者还是动物的经营业者等主体，在管理以及经营动物事业的过程中，应履行上述义务的同时，还需要时刻采取对周边生活环境进行保护的相关措施，使动物的爱护和管理与周围环境的保护协调发展。因此，都道府县知事，当发生由于大量动物的饲养或者保存导致周边生活环境的损害事件，并认为属于总理府令规定的事件时，对该事件造成者，可以提出限期采取措施挽回影响的劝告，都道府县知事对于不按照劝告而采取相应措施的主体，在认为有特别必要时，可以命令其限期就劝告采取措施。且都道府县知事可以请求市镇村（含特别区）的行政长官必要的协助③。

当然，在饲养以及管理动物的过程中，亦会涉及对周边主体生命等方面的危险性，于是，采取防止动物对人的生命等方面侵害的措施实属必要。因此，为防止动物对人类生命、身体及财产的侵害，地方公共团

①　见《爱护动物管理法》第 11 条。
②　见《爱护动物管理法》第 2 节。
③　见《爱护动物管理法》第 15 条。

体，可以根据条例的有关规定，制定对动物的所有者或占有者饲养、保
管动物所必须遵守的事项，饲养有可能危害人类生命和身体及财产的动
物采取行政许可制，并通过对该动物所有者或占有者及其他关系者，命
令其采取措施防止该动物对人的生命、身体以及财产的损害，必要时令
职员进入该动物所有者或占有者的饲养设施的事务所或其他有关场所，
调查该动物的饲养状况等有关动物的饲养及保管并采取必要措施①。

（三）实验动物的饲养与管理

动物实验的开展，对于从科学的角度理解地球上生物的生命活动，
对人类的幸福、环境的保护和再生等很多问题的解决有极其重要的作
用。为此，动物实验等是必要的且不得已的手段，即便如此，也必须要
从爱护动物的角度恰当地进行动物实验。因此，作为实验动物的管理者
应爱护动物，并了解动物的生理、生态、习性等特点，以对科学负责的
态度去饲养和保管实验动物。同时应努力避免实验动物对人的生命、身
体以及财产可能造成的损害，努力防止实验动物对周围生活环境的污
染②。在进行动物实验的过程中，必须建立完备的机构设置，进行实验
动物的饲养与管理，并详细规定动物实验各个环节中的注意事项。

1. 机构设置

为使动物实验顺利开展，确保在研究上必须做的动物实验能正常进
行，进行动物实验的实施者，必须具备合格的动物实验场所及必要的饲
养设备，同时也要有管理和运行动物实验的组织体制③。

首先，按照《关于研究机构实施动物实验的基本指南》的规定，研
究机构的负责人必须在研究机构内设置动物实验委员会，动物实验委员
会的成员，主要由具有动物实验等相关学识和见解的人，以及具有其他
方面学识经验的人组成。当然，动物实验委员会组成，也可由大学现有
的动物实验设施运行委员会来改组、扩充而完成。还可以通过各大学校
长、学部长等负责人的同意后，根据大学的具体情况，制定动物实验指

---

① 见《爱护动物管理法》第 16 条。
② 见《实验动物饲养及保管基准》第 1 条。
③ 见《日本实验动物实验指针》第 3 条。

针及进行动物实验委员会的整备①。

动物实验委员会的主要任务，是接受研究机构负责人的咨询，实施有关动物实验责任者申请动物实验计划的法令，和是否适合机构内部规程的审查，向研究机构的负责人报告其结果，以及接受研究机构的负责人关于动物实施计划的实施结果的报告，在有必要的时候，也可向提出报告的负责人进行建议。

其次，实施动物实验的实验研究机构及医院等单位，为了明确各自的责任，顺利并且正确地实行动物实验的指导方针，应设立动物实验管理委员会。

最后，为了恰当地实施动物实验，和对实验动物能有良好的饲养和管理，研究机构的负责人，有责任对从事动物实验的实施者，和实验动物的饲养人或保管人，采取必要的教育以及培训措施，使其掌握必要的基础知识，提高实验实施者的资质和相关人员的饲养管理水平。

2. 动物实验计划制定

动物实验的进行，可以说是实验动物管理和使用过程中最为关键的一个环节，因此需要特别地注意。而在开始进行动物实验之前，最为重要的当属动物实验计划的制定。可以说制定完善的实验计划对于顺利地开展动物实验，达到实验的目的至关重要。《动物实验指导方针草案》、《关于大学等使用实验动物的注意事项》，以及《关于在研究机构中实施动物实验的基本指南》，就针对实验计划设计方面需要加以考量的事项（包括有关动物实验必要性的探讨，有关实验实施的必要条件的探讨，实验计划的设计，实验计划的评价以及实验计划的承认等）作了具体的规定。具体而言，实验计划的制定，要考虑以下几个方面：

（1）有关动物实验必要性的探讨

动物实验是医学、生物学等研究的重要手段，所以在制定实验计划的时候应从实验必要性角度进行充分的论证，尽量排除无意义的实验。在充分斟酌研究目的的基础上，把动物实验设定在为得到必要的并且充分的数据所不可缺少的范围内。

---

① 见《关于大学等使用实验动物的注意事项》第1条－6、第2条。

（2）有关实验实施的必要条件的探讨

为了保证动物实验的顺利进行，取得预想的实验目的，必须对影响实验结果的重复性①、动物本身的遗传质量以及条件进行探讨。必须准备好进行实验必需的设施、设备、器具、器材，以及配备熟练的饲养管理人员。设施、设备、器具、器材方面，不仅要适合实验处置和观察，还应考虑能够对实验动物合理饲养。

在计划中对给料、给水、动物观察等最低限的操作按照动物的习性等特点保证其连续性，因此即使是在周末或节假日应该也要保证能够进行。而且，必须准备好包括应对周末或节假日发生异常事件时与相关人员的联络等具体的对策。

（3）实验计划的设计

在充分探讨实验的必要性及完备实验设施的基础上，制定实施试验计划的方案。通过必要性的探讨作出动物实验计划设计时，应征求实验动物专家的意见，保证实验能有效而正常进行。

（4）实验计划的评价

设计的实验计划必须能够经得起从该研究领域的立场出发所做的评价，对动物选择、饲养条件及动物实验处置等，有必要进行实验动物学方面的探讨。所以，希望这些方面能够得到实验动物学专业人员的意见。

（5）实验计划的承认

在动物实验等开始之前，研究机构负责人，首先需要令动物实验责任者做出实施动物实验计划的申请，其动物实验计划经过动物实验委员会的审查承认之后才可以付诸实施，但是，如果其提交审核的动物实验计划不符合相关规定，则会被动物实验委员会驳回其申请。

3. 实验动物的选择

在切实着手实施动物实验计划的时候，第一个需要做的工作就是引入供实验的动物。实验实施者以及实验动物管理者在引进供实验的动物时，应综合实验所考虑的设施地点、保养情况和饲养能力，以及实验实

---

① 重复性一般是指用本方法在正常和正确操作情况下，由同一操作人员，在同一实验室内，使用同一仪器，并在短期内，对相同试样所作多个单次测试结果，在95%概率水平两个独立测试结果的最大差值。

施者制定的实验计划所确定的业务规划的基础上，谨慎地选择供实验的动物。具体地讲，在引进实验动物时需要考虑以下的因素[①]：

（1）遗传质量

从遗传学的角度进行动物的选择，是动物实验的重要方面之一。首先，先确定动物种类，然后选择品系。即使同种动物，因品系不同其免疫反应、对疾病的抵抗能力、自然发病的比率、寿命等方面有时也存在差异。所以，根据研究的目的，必须选用固定的品系供实验用。即使同一种类，同一品系名，单位和生产厂家不同也会有遗传上的差异。所以，不但是品系名，近交系也要注明亚系名，封闭群要注明生产地是很重要的。另外，根据研究目的，即使应用未经遗传检测的动物，有时也能得到重复性好的实验结果，当然也可以从实验者的立场出发，选择适用于各自实验的动物。还有，根据需要对使用动物进行遗传检测，希望为实验结果分析提供参考。

（2）微生物学质量控制

什么级别微生物可以用于实验，由实验者决定。但是，应尽可能避开患病的动物。利用病原微生物感染的动物得到的实验结果，因疾病的干扰大多缺乏再现性。而且，这些动物可能成为健康动物的感染源。实验动物的微生物质量分为无菌、悉生、无特殊病原体级、普通级等。还有，根据需要对使用动物进行微生物检测，希望供实验结果分析时参考。

（3）生产场的信息

作为从使用动物生产场得到的信息，有动物的出生年月日、生产方式（交配方法、饲料、垫料、饲养器具、其他）、繁殖性能、微生物检测结果等，这些可以作为选择动物时参考。在生产场进行的疫苗接种、治疗等也有可能对实验结果产生影响。所以，得到这些操作的日期、方法等信息，应该根据需要在实验结果分析时参考。

当按照以上标准决定进行动物实验的时候，接下来就是实验动物的选购以及将实验动物安全运往实验场所，因此，在根据研究目的购入选择的动物时，接受方必须事先确认是否已准备好保存动物的设施、设

---

① 见《动物实验指导方针草案》第2章。

备、器具、器材，以及实验者、饲养者、管理者等人员的配备①。负责运送实验动物的人，将运输过程中的意外情况控制在最低，无论从动物保护的角度，还是为了得到正确的实验结果都是非常重要的。尽管是在合适的方法及充分注意的前提下运输，刚刚运输结束后的动物一般多出现明显的体重下降。还有，许多在生产场潜在感染的动物，经运输导致发病的例子屡见报道。于是，就需要充分考虑这些因素而去选择合适的运输用器具、运送方法②。所以，在运送时必须留意下列事项，尽量保证实验动物的健康和安全，防止因实验动物引起的事故③。

①为尽可能减轻实验动物的疲劳和痛苦，务必选择时间短的运输方式。

②对运送中的实验动物应根据需要供给适当的饲料及饮水。

③考虑到实验动物的生理、生态、习性，应采取合适的运送方法。同时，为保证实验动物的健康及安全，防止实验动物外逃，应当选用必要规模和构造的运输车辆和容器。

④为防止实验动物的微生物及污染物对环境的污染，应采取必要的措施。

当实验动物运输到指定地点后，应尽早确认只数、雌雄、年龄、体重等与订货时是否一致。同时，观察有无动物死亡和异常之后，移入饲养笼，马上供水④。并检查动物的健康状况，至于到达时的动物健康状况，应该由掌握实验动物学知识的兽医师或者熟练的饲养员进行观察。此时的动物观察事项对以后的检疫和实验是非常有用的，不可忽略。

最后，在实验动物被引进到相应设施内时，动物实验的管理者还应根据需要对实验动物进行适当的检疫，以避免损害实验实施者、饲养者及其他实验动物健康的情况发生。所谓检疫本来是在人和动物移动时，为防止传染病的侵入检查有无病原体的行为，为此，先指定欲检查的传染病，确定检疫方法，然后进行检查。

但是，在实验动物学领域检疫一词具有更广泛的意义，是指新购进

---

① 见《动物实验指导方针草案》第 3 章 - 1。
② 见《动物实验指导方针草案》第 3 章 - 2。
③ 见《实验动物饲养管理标准》第 3 条。
④ 见《动物实验指导方针草案》第 3 章 - 2。

的动物直到判明健康状态为止，与其他动物进行隔离的行为。对此，包括疾病的诊断和预防、感染动物的隔离或淘汰，其中，重要的一环是治疗行为。

实际进行检疫时，必须调查传染病以外的异常，例如有无营养障碍和外伤，判断是否可以用于实验。

此外，检疫期间应努力使动物适应新的饲养环境。

检疫时所谓隔离场所，是将新购进的动物饲养在与已有动物分开的建筑物或笼具里，但同时也意味着应充分考虑有关作业流程、人员出入、换气、排水路径等方面的隔离。

一般而言，检疫时对以下具体内容和事项需要特别注意。

供实验使用的所有动物至少应接受通过外表检查的检疫。并且，对于引进的动物需要更严格的检疫。特别是对于狱猴，因很可能带有对人危险的病原体，输入时应该严格检疫，即观察动物外观的异常、体重增减、采食、饮水量、排泄物的异常等，根据需要进行各种检查，判定该动物是否符合实验目的。

在街上捕获的流浪狗、流浪猫等动物因无法了解捕获前的健康状态，所以，必须按照实验目的进行仔细的检疫。从卫生管理完善的生产场购入的动物，可以参考生产场的微生物检测结果。此外，注意某些动物品种是家畜传染病预防法、狂犬病预防法等法律法规的适用对象。一般而言，检疫期间应考虑欲检查传染病的潜伏期来决定，实际上检查所需日期应考虑动物的种类，使用前有无必要对动物实施治疗或接种疫苗，动物适应新环境需要的准备时间等来决定。

检疫期间进行治疗或接种疫苗时，应该充分考虑对实验结果的影响。而且，希望对实施这些操作时记录时间、内容、方法等，以备分析实验结果时参考。这些检疫以及预防治疗措施，应该由掌握实验动物学知识的兽医师来执行，或者在其指导下由熟练的饲养人员操作。

以上，是为了防止购入动物成为传染源的检疫内容，相反，也必须考虑引进清洁的动物在进行检疫时不被污染①。

4. 实验动物的饲养与管理

当实验动物经过一系列环节进入实验场所之后，在动物实验之前或

---

① 见《动物实验指导方针草案》第4章。

者在动物实验的间歇中，除考虑科学研究的正常进行，仍要从动物福祉的角度出发，进行恰当、正确的动物实验。同时，还要注意设施设备的正常维护和管理，饲料和水分的供给。因此，在实验动物饲养管理的过程中实验者、管理者及饲养技术者应互相配合，共同做好设施设备的管理，按时进行给饲、给水等动物的饲养管理工作，并且，从导入动物开始到实验结束，应仔细观察动物的状态，根据需要做出适当处理。要切实从以下几个方面保证实验动物的质量、健康和安全：

（1）实验动物管理者应掌握实验动物的基本知识和饲养经验；

（2）管理者应根据实验动物的生理、生态、习性，配备相应的合格的设施设备；

（3）实验动物管理者、实验实施者及饲养者，为保证实验动物的健康和安全，应注意如根据实验动物的生理、生态和习性，在不影响实验目的的前提下，为动物提供适当饲料和水分，以及对实验动物进行必要的健康管理等事项①。

5. 动物实验的操作

动物实验管理者或者操作者，既在动物的选择、购入以及饲养管理方面需要注意一定的事项，又要在动物实验进行过程中遵循一定的注意事项，才能确保实验目的的达成，即实验操作者为达到实验目的，务必在必要的范围内合理地使用实验动物，而且实验动物管理者或实验操作者，在动物实验进行过程中应当努力留意下列事项，以适用于实验的实施及实验等结束后的处理②。

（1）动物实验责任者从确保科学上的合理性，确保由动物实验等取得数据的信赖性等角度，选择恰当的实验方法，恰当地实施动物实验等；

（2）在实施动物实验等时，根据法律和饲养报告标准，采取为科学上利用的必要限度内，尽量减少其实验动物痛苦的方法；

（3）应用恰当维持所管理的设施和设备实施动物实验；

（4）进行实验等工作时，在不影响实验的目的范围内，通过投给

---

① 见《实验动物饲养及保管基准》第4条。
② 见《实验动物饲养管理标准》第5条及《关于在研究机构中实施动物实验等的基本指南》第4条。

麻醉药等方法，要尽可能不使实验动物产生痛苦，同时应采取适当的保温措施；

（5）处理实验结束后或者中断实验的动物，要迅速投给致死量以上的麻醉药，或者施以颈椎脱臼方法，尽可能地不使实验动物感到痛苦；

（6）对于实验动物的尸体要采取适当的措施，以不损害人的健康与生活环境。

在上述原则的指导下，动物实验的管理者或者操作者在进行动物实验的过程中，实验者在进行实验操作时应采用麻醉方法，尽可能地减少动物的苦痛。为此，必要时应征求管理者、实验动物专家和动物实验委员会的意见。在进行苦痛排除处置时可以委托管理者、饲养技术者进行。详述之，上述工作需要按照以下步骤进行①：

（1）个体标记

根据研究目的必须对使用动物进行个体标记。一般可以采取染色、刺墨、耳号钳、头环、脚带等方法，也可以与笼具的卡片标记等一起并用。

通过标记可以检索动物的来源、品系、购入日期、实验责任人、实验开始日期、实验内容等。

（2）固定

一般进行动物实验时，为了方便操作防止对人的危害，对动物进行固定。这时要注意固定有时会对实验结果带来不良的影响。

还有，适当的固定可以在无麻醉的情况下进行实验。

（3）麻醉

为了适当地固定实验动物，通常采取麻醉剂、镇静剂的投入方法。但是，当这些处理方法影响实验结果时，可以对实验动物采取不固定、不麻醉的方式。然而，此种情形下一定要考虑，此种做法不应该给实验动物带来不必要的痛苦。

（4）实验结束时的处置

实验结束或中断，对不用的动物按照动物保护相关标准进行安

———————

① 见《动物实验指导方针草案》第6章。

乐死。

通过投给致死量以上的麻醉药，或者颈椎脱臼、吸入二氧化碳等方式，尽量减少动物的痛苦。另外，希望将尸体焚烧的，有时也可以交给尸体处理的专业部门。处理之前，应尽量防止发生病原体对环境的污染。

另外，根据研究目的进行处死时，当然可以采用其他方法。但此时希望在研究范围允许的条件下采用安乐死。

（5）记录的做成与保管

实验过程的记录，有可能影响实验结果。希望对饲养环境等条件也进行记录。这些记录应保存一定的时间，根据需要供结果分析时参考。

以上是针对一般性，并无特殊危险的动物实验规定的一般性事项，但是在进行动物实验的过程中，亦会涉及危险物质的操作，因此在使用物理、化学等实验物或使用病原体进行动物实验时，应特别注意要确保人身安全，和避免由于饲养环境污染而引起的动物疾病。应注意排除影响实验结果的不利因素。同时应特别注意不要影响设施的外环境①。那么，当进行此等包含危险物质等操作的动物实验时，就需要参照以下针对特殊性动物实验方面的具体规定②：

（1）放射性物质及使用放射线的实验

投给放射性物质或放射线照射时，应遵守《关于利用放射性同位素等防止放射损伤的法律》等相关法规。

（2）感染实验

利用病原体进行动物实验时，应该努力保证人身安全，还要防止动物间的交叉感染，避免出现混乱的实验结果。

使用病原体除遵守法规之外，实验人员或者其所属机构还要遵守自行制定的规定，所采取的防止感染的措施均要求隔离和灭菌消毒，其程度根据使用病原体致病性的强弱而不同。

（3）在安全管理上有必要特别注意的动物实验

在进行此类动物实验的过程中需要考虑以下的事项：

---

① 见《日本实验动物实验指针》第9条。

② 见《动物实验指导方针草案》第7章及《关于在研究机构中实施动物实验等的基本指南》第4条。

①实施使用物理的、化学的材料或病原体的动物实验等，或者可能影响人的安全、健康或者周边环境的某动物实验时，根据研究机构中的设施和设备的状况，要特别注意确保动物实验实施者的安全和健康；

②不仅要有即便是饲养环境的污染，也不会导致实验动物受伤的设施和设备，而且，在必要的情形下通过检疫等手段保证实验动物的健康；

使用转基因动物的动物实验等，实施有可能影响生态系统的动物实验等时，以研究机构中的设施和设备的状况为根据的同时，要特别注意防止转基因动物逃走。

（4）其他危险物质的实验

关于使用药物的致癌性实验、变异原性实验等危险物质，或者尚未确认安全性的物质进行的动物实验，希望各机构自行制定规则。还有，根据用于实验的物质种类、数量、浓度，分别适用毒物及剧毒物管制法、消防法、水质污浊防止法等法律。

因为防止危险物污染的基本点是将物质的封存（隔离和除去），必须利用隔离动物室或隔离器，并对动物排泄物进行适当的处理。另外，不要忘记接触动物时戴口罩和手套等。

6. 实验动物的处分

管理者以及处分实施者在不得不处死动物时，在充分理解被处分动物的生理、生态、习性，尊重生命尊严的基础上，以不增加动物痛苦的方法进行。此时，应尽可能地使用被社会所承认的，能使动物意识丧失不感到痛苦的，同时动物的心机能、肺机能是非可逆性停止的化学及物理方法处分动物[①]。而且，处分动物时应采取不危及人的生命、身体及财产，不危害和污染周围生活环境的方法执行[②]。以下详述之[③]。

（1）针对实验结束或者中断实验的动物，要迅速注射致死量以上的麻醉药，或者施以颈椎脱臼方法，尽可能让实验动物不感到痛苦或使其痛苦减少到最小。

（2）对于实验动物的尸体要采取适当的措施，以不损害人的健康

---

① 见《动物处分方法指针》第 3 条。

② 见《动物处分方法指针》第 1 条。

③ 见《实验动物饲养管理标准》第 5 条。

与生活环境。

（3）实验者在实验结束后，应依据"实验动物饲养及保管基准"的要求处理动物。此项工作可委托给管理者或饲养技术者。

（4）实验结束或中断，对不用的动物，按照动物保护相关标准进行安乐死，另外，根据研究目的进行处死时，安乐死的对象实验动物，狭义指哺乳类和鸟类动物，从实验动物福祉精神理解，还应包括为科学目的而繁殖、饲育和保管的一切脊椎动物。当然可以采用其他方法，例如在动物实验过程中必然致死的，可以不采用安乐死方法。但此时希望在研究范围允许的条件下采用安乐死①。动物安乐死的实施需要遵循以下的规定②：

①实施原则上应遵守"实验动物饲养及保管基准"所记载的方法，应采取尽可能减少动物苦痛的方法；

②实验动物安乐死是管理者的责任，但管理者也可以委托给其他熟练的人；实验动物实施处分时，管理者及处分实施者应互相协作并分担责任；

③确定处死的实验动物在执行安乐死前，也应符合"实验动物饲育保管准则"，即应在标准的设施内饲养；

④实验动物执行安乐死的场所，应禁止无关者入内。

7. 注意事项

在进行动物实验的过程中，还要密切注意以下事项：

（1）防止危害发生③

①管理者应采取必要措施，禁止与实验动物的饲养、保管、实验等无关的人接触实验动物。

②实验动物管理者和实验实施者及饲养者，根据下列各项，努力做到相互提供防止实验动物危害的必要信息。

第一，实验动物管理者，要对实验操作者提供处理实验动物方法的信息，同时，必须在饲养与保管实验动物方法上，向饲养者进行必要的指导；

---

① 见《动物实验指导方针草案》第 6 章 – 4。
② 见《实验动物安乐死指针》第 3 章。
③ 见《实验动物饲养管理标准》第 6 条。

第二，实验操作者，要向实验动物管理者提供利用于实验的有关实验动物信息，同时，向饲养者就饲养或保管方面进行必要的指导；

第三，饲养者，要向实验动物管理者及实验操作者报告实验动物的情况。

③管理者为防止受实验动物感染疾病，应对实验动物管理者及饲养者进行必要的健康管理。

④管理者等必须采取必要的措施，不使实验动物从保管场所逃脱。

⑤管理者必须预先制定实验动物逃出后的对策措施，努力防止事故的发生。

⑥管理者必须制定出在地震和火灾等重大灾害发生时应采取的紧急措施。

发生重大灾害时，应迅速保护实验动物，同时，要尽量防止由实验动物引起的其他事故。

⑦物理的、化学的材料，或者操作病原体的动物实验时，确保人身安全是理所当然的。勿使因污染饲养环境而使动物遭受损害，勿使实验结果的资料可信性受到影响，这些都需要充分加以考虑。而且，关于防止实验设施周围遭受污染的问题，根据设施及设备的状况，需要特别加以注意。

（2）保护生活环境

管理者等要通过对实验动物排泄物的合理处理和经常保持设施的清洁，以防止微生物等污染环境、恶臭的发生，并通过对设施整修，防止噪声的发生，以保护生活环境①。而且要对动物排泄物等进行适当的处理，并经常保持繁殖生产场地的清洁，努力防止环境污染，同时，为防止从事繁殖生产的人员从动物身上传染疾病等，应尽力采取必要的措施，进行健康管理②。

---

① 见《实验动物饲养管理标准》第7条。
② 见《实验动物饲养管理标准》第8条。

第六章

日本学术振兴会的信息公开制度

日本学术振兴会作为一个独立行政法人，根据公民权利的要求，有义务公开其一定范围内的业务活动。依照《关于公开独立行政法人等保有信息的法律》、《独立行政法人日本学术振兴会法人文书公开决定的基准》、《独立行政法人日本学术振兴会信息公开事务处理要点》、《独立行政法人日本学术振兴会信息公开联络会议设置要点》以及《独立行政法人日本学术振兴会个人信息保护事务处理要点》的规定，其需要公开的是《法人文书》，这些法律规定了信息公开的原则、程序。由于信息公开牵涉到自然人和法人的信息保护，所以这些规定实际上是从学术振兴会的信息公开义务和个人信息保护两个方面规定的。我国涉及这方面的制度一定要把握好两者之间的关系。该部分的研究目标和要解决的问题，一是研究介绍日本的相关具体规定；二是理解信息公开和个人信息之间的关系，处理好法益的平衡。

一 有关信息公开制度的法律依据

信息公开是民主政治建设的重要标志，日本为了实现独立行政法人对国民履行说明业务内容的义务与责任，在 2001 年颁布了《关于公开独立行政法人等保有信息的法律》①（以下简称为《信息公开法》）。该法在遵循国民主权这一理念的基础上，通过规定国民请求公开法人文书

---

① "独立行政法人等の保有する情报の公开に关する法律"，2001 年（平成 13 年）12 月 5 日，法律第 140 号。

的权利以及独立行政法人提供其各种运行活动信息的手段，以谋求独立行政法人保有的信息能够进一步向国民公开。① 振兴会作为独立行政法人，应国民权利的要求，有义务在一定范围内公开其业务活动以及向国民提供信息查询的服务。

但是，独立行政法人进行信息公开时有可能会侵害到第三者的个人隐私，所以，为了避免这种事态的发生，日本于 2003 年颁布了《关于保护独立行政法人等保有的个人信息的法律》② （以下简称《保护个人信息法》）。另外，为了履行前面所提及的两法所规定的义务与责任，学术振兴会于 2005 年制定了《独立行政法人日本学术振兴会信息公开事务处理要点》③ （以下简称为《信息公开处理要点》），并于同年制定了《独立行政法人日本学术振兴会个人信息保护事务处理要点》④ （以下简称《信息保护处理要点》）。根据这里提及的两部法律以及两种要点，学术振兴会完善了其信息公开体制。

另外，同样重要的是完善的信息公开制度，不仅要做到有据可依，而且要做到依据具有可操作性。这样才能够充分地实现其信息公开的初衷，增加政府工作的透明度并保护国民的知情权。日本学术振兴会的信息公开制度即在一定程度上实现了这样的目的，尤其是其信息公开制度中对于公开信息判断标准的规定，更是尽显其完善与严密的特性。其不仅对于信息公开的标的物进行了界定，而且对于信息公开的内容列示了一般性与具体性的判断标准，界定了哪些信息是不予公开的，哪些信息是需要裁量公开的，一般之中又有哪些例外的情形。决定对请求权人进行信息公开的时候，是采取全部公开的方式，还是采取部分公开的方式，判断的标准又是什么。在学术振兴会承担信息公开义务的同时，又是以什么样的标准对于个人信息以及法人信息进行充分保护的。如此细致的判断标准，充分保证了学术振兴会信息公开义务的履行与国民知情

---

① 见《信息公开法》第 1 条。

② "独立行政法人等の保有する個人情報の保護に関する法律"，2003 年（平成 15 年）5 月 30 日，法律第 59 号。

③ "独立行政法人日本学術振興会における情報公開に係る事務処理要項"，2003 年（平成 15 年）10 月 1 日，理事长裁定。

④ "独立行政法人日本学術振興会における個人情報保護に係る事務処理要項"，2005 年（平成 17 年）4 月 1 日，理事长裁定。

权的实现。

　　根据这里提及的两部法律以及两种要点，学术振兴会完善了其信息公开体制。学术振兴会进行信息公开通常以两种方式进行。一种是学术振兴会积极地、广泛地向社会公开其保有的下列信息。

　　（1）有关学术振兴会组织、业务以及财务上的信息。

　　（2）有关对学术振兴会组织、业务以及财务进行评价以及监察的相关信息。

　　（3）有关学术振兴会出资或者向学术振兴会提供资金的法人以及其他政令规定法人的信息。① 同时，根据法第22条第2项的规定，学术振兴会为了加深国民对其各种业务活动的理解，应力争充实并完善其信息公开的措施。

　　学术振兴会进行该种方式的信息公开时，通常会使用以下几种方法②。

　　（1）通过互联网络公开学术振兴会各种事业内容的概要以及援助事业的内容。

　　（2）将学术振兴会的业务内容编辑成通俗易懂的日文、英文宣传手册，并寄送给海内外的学术机关或者行政机关。此外，如果有必要，学术振兴会还可以针对特定的事业制作并发放宣传手册。

　　（3）灵活有效地使用互联网络，并通过电子邮件的方式，提供公募介绍或者其活动计划。

　　（4）学术振兴会每年发布4次英文通讯，并作为学术振兴会的一个业务，向来过日本的外国研究者、海外学术振兴机关以及驻日的外国大使馆等分发。

　　另一种方式是，任何人都可以请求学术振兴会公开其保有的法人文书。③ 而学术振兴会为了有助于能够公正且顺利地运行该法人文书公开制度，应妥善地管理法人文书。④

---

　　① 见《信息公开法》第22条第1项。
　　② 《平成22年度独立行政法人日本学术振兴会年度计划》第一－9，http：//www. jsps. go. jp/koukai/index3. htmlJHJid3_ 7，阅览日：2011年2月12日。
　　③ 见《信息公开法》第3条。
　　④ 见《信息公开法》第23条。

　　学术振兴会为了能够顺利地实施法人文书公开制度并为该制度的利用者提供便利，在其总务部企划课设置了名为"信息公开室"的窗口①。并由该窗口接待有关信息公开的咨询以及进行相关的介绍。②

　　任何人都可以请求公开学术振兴会保有的法人文书，但并非所有公开请求都会得到允许公开的决定。出于诸多方面因素的影响，学术振兴的信息公开只能在一定的范围内进行。学术振兴会可以进行公开的法人文书，必须是学术振兴会的管理者或职员在其业务范围内作成或者获得的文书、图画以及电磁记录，且必须是由学术振兴会使用并保存的。③当学术振兴会接到信息公开请求时，有义务向该请求者公开法律文书。但是，如果文书记载有涉及第三者的个人隐私，有可能侵害其他法人或社会公共利益等不公开信息时，该文书不能公开。④ 但是即使是不公开信息，如果学术振兴会认定在公益上有特别的必要时，也可以公开该信息。⑤

　　对有关公开的决定有异议的关系人，可以向学术振兴会提起异议申诉。⑥ 当学术振兴会接到了异议申诉时，应该向日本内阁信息公开、个人信息保护审查会进行咨询。⑦ 同时还要向异议申诉人以及其他与该申诉有关者通知该咨询的内容。⑧ 振兴会接到信息公开、个人信息保护审查会的答复后，在尊重该答复的基础上进行研讨，并向联络会议进行咨询⑨，然后通知异议申诉者有关该异议申诉的决定。⑩

二　信息公开义务的主体

　　在学术振兴会信息公开制度中，明确列明了承担信息公开义务的主

---

　　① 　所在地：东京都千代田区1町6番地、1番町事务室1楼。信息公开处理要点第二－(1)，http://www.jsps.go.jp/j-outline/koukai/index.html，阅览日：2011年2月13日。
　　② 《信息公开处理要点》第3－1－（1）。
　　③ 《信息公开法》第2条第2项。
　　④ 《信息公开法》第5条。
　　⑤ 《信息公开法》第7条。
　　⑥ 《信息公开法》第18条第1项。
　　⑦ 《信息公开法》第18条第2项。
　　⑧ 《信息公开法》第19条。
　　⑨ 《信息公开处理要点》第9－1－（5）。
　　⑩ 《信息公开处理要点》第9－1－（6）。

体，这些主体主要由一般性主体、接受移送主体组成。

按照《公开信息法》，承担信息公开义务的一般主体为独立行政法人，因此，在学术振兴会信息公开制度中承担信息公开义务的主体即为作为独立行政法人的学术振兴会。具体工作按照《信息保护处理要点》、《独立行政法人日本学术振兴会信息公开联络会议设置要点》①的相关规定，由学术振兴会的信息公开室、主管课以及公开联络会议分工负责。

接受移送主体主要是由于被请求公开的法人文书是由非学术振兴会之外的其他独立行政法人作出的或者有其他特殊情况的存在，当对该独立行政法人有公开决定的正当理由时，学术振兴会与该独立行政法人协商后，即可以将事案移送至该独立行政法人，此时承担实际公开义务的独立行政法人即是接受移送的主体。需要将事案进行移送的情况主要包括：（1）请求公开的法人文书是由其他行政机关做成的；（2）请求公开的法人文书是与其他行政机关等共同做成的；（3）请求公开的法人文书上记载的信息的重要部分，关系到其他行政机关的事务或者事业；（4）如果请求公开的法人文书上记载的信息，可能会给国家安全、与其他国家或国际组织间的信赖关系，或者与其他国家或国际组织间的交流，带来危害；（5）如果请求公开的法人文书上记载的信息，可能会给犯罪的预防、镇压或者搜查，以及其他公共安全与秩序维持，带来障碍②。

而无论是一般性主体还是接受移送的主体，按照相关规定其信息公开义务的承担要由其内部的不同部门分工负责。这些部门具体包括信息公开室、主管课以及信息联络会议。并且独立行政法人等，为了能够让请求公开者容易且准确地进行公开请求，应提供有助于确定特定的该独立行政法人保有的法人文书的信息，以及采用其他能够为公开请求者带来便利的适当的措施③。

---

① "独立行政法人日本学術振興会情報公開連絡会議設置要項"。
② 《信息公开处理要点》第 8 条。
③ 《信息公开法》第 24 条。

（一）信息公开室

按《设置要点》第二－（1）之规定，信息公开室是为了信息公开制度顺利地推进，以及为该制度的利用者谋求便利而在学术振兴会总部企划课设立的窗口。信息公开室主要负责分管以下事务：

（1）回答信息公开利用者的问询并对其进行引导，主要包括对咨询者的询问给予回答并对其进行适当的引导；

（2）法人文书公开上的事务，主要包括接受权利请求人的公开请求书，当其记载事项不全时对其进行补正，并与主管课进行联络以确定法人文书的存在，受理有关法人文书公开实施方法申请书等事项；

（3）提出异议的事务，主要是受理对法人文书的全部或者部分公开的决定或者不公开决定提出异议的相关事宜；

（4）诉讼关系上的事务及其他，主要包括对请求公开的法人文书进行检索以及特定的相关事宜，同总务省就法的实施状况进行联络的相关事宜以及振兴会信息公开事务中不属于其他部门分管的相关事宜。

（二）主管课

主管课是主管被请求公开的法人文书内容事案的责任机构。主要负责公开请求书记载事项的确认，并且在受领公开请求后应迅速检索请求公开的法人文书，特定其名称及具体内容，并于法人文书特定后，立即判断该法人文书上所记信息是否属于不公开信息。如果请求公开法人文书的作者是学术振兴会以外之人，应确认是否属于没有著作权人同意亦可予以公开的情况，若不属于还需征得权利者同意。同时，当法人文书中记载有第三者信息时，则需与信息公开室进行联络，此等一系列事务须向联络会议咨询。

另外，主管课还负责法人文书公开的准备工作，即基于从信息公开室受领的公开实施申请书或者再公开实施申请书，主管课的职员必须在其在场的情况下进行法人文书的公开，并由其带来与公开有关的法人文书，以及对公开请求者的要求进行必要的说明。

（三）公开联络会议

公开联络会议是为了保障《公开信息法》的顺利实施，有助于信息公开制度顺利运作而设在学术振兴会内进行联络的会议，其日常事务在学术振兴会总务部企划课处理。联络会议由理事长为会议主席，组成人员包括专职理事、专职监事、审议官、部长、参事课长、专业调查官。如有必要，在联络会议上还可增加由会议主席提名的其他人，亦可利用成员以外其他人之协助，公开联络会议主要负责审议对立行政法人等保有信息公开法律规定的信息公开请求关系上的法人文书的公开或不公开，或者对其他必要的事项进行联络调整。对于联络会议运用上的必要事项，在联络会议的每次会议上一一进行决定。

三　信息公开的标准

（一）一般性标准

1. 公开标的

按照《公开信息法》的规定，学术振兴会需要向权利人公开信息的标的为法人文书，所谓法人文书，就是独立行政法人的官员或工作人员依职务作成或者取得的文书、图画及电磁记录，以及该独立行政法人的官员或职员组织性使用、保有的文书。

但是，原则之中亦有例外，以下的法人文书则无须公开，具体包括：政府公报、白皮书、新闻、杂志以及其他以向不特定多数者贩卖为目的而发行之物；在政令规定的公文书馆以及其他设施中，作为历史、文化或者学术研究用的而被特别管理的资料①。

另外，按照规定，除非法人文书中包含有个人信息、公开可能会侵害有关法人以及其他团体或者营业事业的个人的权利、竞争地位及其他正当权益的信息，以及国家机关、独立行政法人等、地方公共团体以及地方独立行政法人内部或者相互间审议、检讨或者协议上的信息中，公开可能会不当地损害意见交换或者意思决定的中立性，可能在国民间产生混乱，或者可能给特定人带来不当利益或损害特定人的利益的信息

---

① 《信息公开法》第 2 条。

等，否则学术振兴会必须对公开请求者公开该法人文书①。

2. 公开内容

法人文书的公开，按照公开内容范围的全面与否，可以分为全部公开和部分公开。按照规定学术振兴会需要向公开请求人进行全部公开，但是若被请求公开的法人文书中记载了不公开信息时，学术振兴会必须在不公开信息能够被轻易地识别而且去除的情况下向公开请求人进行公开，即部分公开。但是即使请求公开的法人文书上记录了不公开信息的内容，如果认定公益上有特别的需要，学术振兴会亦可将其向公开请求人进行公开②。

除了在《公开信息法》中对学术振兴会信息公开制度进行原则性标准的规定之外，《独立行政法人日本学术振兴会法人文书公开决定的基准》（"独立行政法人日本学術振興会における法人文書の開示決定等に係る基準"，2003 年（平成 15 年）10 月 1 日理事长裁定，以下简称《基准》）还针对具体的公开标准进行了全面细致的规定。

（二）具体标准

1. 公开标准

（1）对法人文书的界定

由于《公开信息法》中规定需公开的法人文书的一个主要界定标准是"组织性使用"，因此《基准》即对何谓组织性使用以及不相当于组织性使用的情况列明了具体的判断标准。例如，针对组织性使用的判定，《基准》列示了以下的判断标准：是否是为了管理者、职员个人的方便而做成或取得的资料；做成或取得之际，是否有管理责任者的直接或间接性参与；作为业务上必要的文书，是否向其他管理者、职员、外部人员发放的资料；是否其管理者、职员在其职务上利用的文书；文书是否具有仅根据该管理者、职员的判断即可以处理的性质；是否保存于作为组织进行管理的共用保存场所的文书③。

而不相当于组织性使用的资料则是那些自己专有研用的资料或备忘

---

① 《信息公开法》第 5 条。
② 《信息公开法》第 6 条、第 7 条。
③ 《基准》第 1 条。

录，用于自己职务上，而不是作为组织进行利用的资料；裁决文书起草前的文件以及处于管理者、职员个人研讨阶段的资料。

对于需公开的法人文书的另外一个界定标准即是该被请求公开的法人文书必须是由学术振兴会保有的。也就是说，学术振兴会对于那些符合作为组织性使用标准，但是并非由其保有的法人文书是不承担信息公开义务的。此时，学术振兴会与保有该法人文书的其他独立行政法人协商后，可以将该事案向其他独立行政法人进行移送①。

（2）对于法人文书是否存在的判断

有时，公开请求权人请求公开的法人文书并不是由学术振兴会保有的，且此类文书并不存在，因此当其提出公开请求的时候，学术振兴会即可通过查询并简单地回答请求权人请求的法人文书并不存在，并以此为由向其作出拒绝公开的决定。也就是，有时学术振兴会仅通过回答被请求公示的法人文书是否存在，就能达到公示未公开信息的目的。

通过学术振兴会回答信息公开请求权人请求公开的法人文书是否存在。这些情况通常包括：①有关特定人病例的信息；②有关尖端技术的特定企业的设备投资计划的信息；③因协议上并无明确存在的信息交换而与他国之间交换的信息；④关于犯罪因内部决定所调查的信息；⑤可能会招致抢购等对国民生活带来巨大影响的，有关特定物质的政策决定的研讨情况的信息；⑥限于特定领域考试出题预定的信息②。

（3）法人文书的公开标准

《基准》不仅对于什么是法人文书进行了细致的界定，而且对于文书是否公开以及公开的范围都列示有具体的判定标准。

关于是否将法人文书向权利请求人进行公开，《基准》规定除非被请求公开的法人文书有以下的情况存在，否则即需要向公开请求人进行公开：①法人文书全文包含不能公开的信息；②请求公开的法人文书并不存在；③被请求公开的法人文书并非由学术振兴会保有或者不符合法人文书界定标准；④虽然被其他法律规定为需公开的文书，但是却被《公开信息法》列示为不需公开的文书；⑤公开请求存在形式上的缺

---

① 《信息公开法》第 12 条。
② 《基准》第 7 条。

陷；⑥对于公开请求权的行使适用权力滥用的一般法理的情况时①。

但是，学术振兴会在排除以上情况，同意对公开请求人进行法人文书公开的同时，也要按照《基准》的规定对于文书的内容进行判定，当需公开的法人文书包含不公开信息的时候，不能对权利人进行法人文书的全部公开，而是需要在这些内容能够轻易地识别并去除的情况下，向其进行法人文书的部分公开。而且一旦学术振兴会认定被请求的法人文书去除掉不公开信息之后对于信息公开请求人并无实际意义的时候，亦可作出不予公开的决定。但是即使被请求文书上记载了不公开信息，而学术振兴会认定有公益上的特别需要时，也可以决定将此部分内容向权利请求人进行公开。

学术振兴会信息公开制度的另外一个突出特点即在于，不仅从正面规定了信息公开的各项具体标准，而且为了保障制度的严密性，亦从反面规定有不公开信息的判断标准。正反两方面标准的规定，使其信息公开制度更加的周密，更加具有可操作性。

2. 不公开标准

在不公开信息方面，《基准》从有关个人信息、法人信息、审议、检讨或者协议上的信息以及事务或事业上的信息多方面列示有判断标准。

（1）有关个人信息

个人信息即指个人的内心、身体、身份、地位、评价以及其他有关该个人的所有信息，而个人亦包括已经死亡的个人以及经营事业的个人②。被请求公开的法人文书，若其内容中包含有能够识别出特定个人的信息（例如姓名、出生日期、住所、电话号码等）以及虽然不能够识别出特定的个人，但是信息一经公开即有可能损害个人的权利以及利益的，此等信息不应公开。此等规定在信息公开与个人信息保护之间达到了一定程度的平衡。

但是，为了兼顾社会公益的需要，《基准》还针对个人信息的不公开进行了例外的规定，即当个人信息符合以下情况时，学术振兴会可以

---

① 《基准》第 3 - 1。
② 《基准》第 4 - 1。

将其进行公开：①根据法令的规定或者按照惯例，进行公开的或者预定进行公开的信息；②为保护生命、健康、生活或者财产而应该进行公开的信息；③该个人是国家公务员、独立行政法人的管理者或职员或者是地方公务员，有关其执行职务的信息①。且针对上述的三种情况，《基准》中还分别有更加具体的解释说明。另外，需要特别说明的是，即使是本人请求公开有关本人的信息时，《基准》规定不考虑公开请求者的身份，而采取同一标准。

（2）有关法人的信息

《基准》中所指法人是除去国家、独立行政法人以及地方公共团体后的法人以及其他团体②。所指的法人信息不仅包括上述法人的信息，亦包括与经营事业之个人有关的事业信息。如若法人的信息属于以下情况之一则不予公开：一经公开可能会侵害该法人的权利、竞争上的地位以及其他正当利益，学术振兴会对于法人信息附加了不予公开这一条件；按照惯例该信息是属于不进行公开的信息以及其他被学术振兴会认可附加了合理的不予公开条件的法人信息③。

但是，同个人信息一样，与因公开可能会损害的权利、利益相比，保护生命、健康的必要性更高时，则需对法人信息予以公开。

（3）有关审议、检讨或者协议上的信息

国家机关、独立行政法人等以及地方公共团体的内部或相互间从自由讨论、协商、说明、委员会的讨论到意思形成的决定期间的信息，如果一经公开即可能会不当地损害率直的意见交换或者意思决定的中立性，可能在国民间产生不当混乱或者可能给特定人带来不当的利益或损害特定人的利益，那么处于此等阶段的信息不应公开④。

（4）有关事务或者事业上的信息

《公开信息法》第5条规定，国家机关、独立行政法人等地方公共团体或者地方独立行政法人进行的事务或者事业的信息，公开可能会造成一定的危险性或者事务事业执行障碍的话，那么有关事务或者事业上

---

① 《基准》第4-1。
② 《基准》第4-2。
③ 《基准》第4-2-（2）。
④ 《基准》第4-1。

的信息不应公开。针对《公开信息法》第 5 条的这一规定,《基准》第
4 - 4 对其进行了进一步的细化。

3. 部分公开

由于法人文书包含的内容十分的繁杂,其中有一些信息涉及个人权
利以及社会公益,并不需要向公开请求人进行全部的公开。因此,《公
开信息法》以及《基准》都针对法人文书的部分公开有所规定。其中
《公开信息法》以能够容易区分并去除不公开信息后进行法人文书的部
分公开且不损害公益需要为基础原则,《基准》则针对这一原则规定了
部分公开的具体判断标准以及部分公开的范围。

(1) 部分公开的判断标准

《基准》第 5《部分公开的基准》就部分公开的判断列示有以下几
点原则,分别是:①如果法人文书中包含了多份信息,则以分别判断为
原则;②部分公开以不公开信息能够区分并去除为原则(但是无论不公
开的信息能否进行轻易的区分,只要去除工作在技术手段上存在困难,
则法人文书不应公开);③以去除不公开信息之后的法人文书仍有客观
的公开意义为原则;④以除去不公开信息的法人文书仍不能识别出特定
人信息以及不损害个人权利为原则。①

另外,如果因为请求公开的法人文书数量巨大,自公开请求之日起
60 日内,对其进行全部公开决定有可能给业务执行带来巨大障碍时,
学术振兴会可以将其中的一部分先进行部分公开,对于剩余的部分可以
在相当的期间内作出公开决定②。

(2) 部分公开的范围

在进行法人文书公开的时候,有时会有不能公开的内容,那么此时
就需要将不能公开的部分进行识别并去除后才能公开,因此就需要决定
采取什么样的方法将不能公开的部分进行去除。此时,除应该遵循立法
的目的之外,还要充分考虑所使用方法的难易程度。因此,进行部分公
开时通常是以文书中的文章、段落为单位进行公开,如果公开的对象是
表格,那么就以表格的每个栏为单位进行公开③。

---

① 《基准》第 5 - 2。
② 《信息公开法》第 11 条。
③ 《基准》第 5 - 3。

4. 裁量公开

以上的内容，主要是针对公开的原则以及公开的范围进行了比较细致的规定，但是原则之中也有例外。为了使其各项规定更具灵活性，《基准》第 6《根据公益上的理由进行的裁量公开》规定："即使是不公开的信息，有高于应保护利益的公益上的必要性时，可以基于振兴会的高度判断进行公开。"

四 信息公开的方式方法

（一）公开方式

学术振兴会进行信息公开通常以两种方式进行。一种是学术振兴会积极地、广泛地向社会公开其保有的：①有关学术振兴会组织、业务以及财务上的信息；②有关对学术振兴会组织、业务以及财务进行评价、检查的相关信息；③有关学术振兴会出资或者向学术振兴会提供资金的法人以及其他政令规定法人的信息。[①] 同时，根据《公开信息法》第 22 条第 2 项的规定，学术振兴会为了加深国民对其各种业务活动的理解，应力争充实其信息公开措施。

学术振兴会进行该种方式的信息公开时，通常会使用以下几种方法[②]。

（1）通过互联网络公开学术振兴会各种事业内容的概要以及援助事业的内容；

（2）将学术振兴会的业务内容编辑成通俗易懂的日文和英文宣传手册，并寄送给海内外的学术机关或者行政机关，此外如果有必要学术振兴会还可以针对特定的事业制作并发放宣传手册；

（3）灵活有效地使用互联网络通过电子邮件的方式，提供公募介绍或者其活动计划；

（4）学术振兴会每年发布 4 次英文通讯，并作为学术振兴会的一个

---

① 见《信息公开法》第 22 条第 1 项。

② 《平成 22 年度独立行政法人日本学术振兴会年度计划》第一 – 9，http：//www. jsps. go. jp/koukai/index3. htmlJHJid3＿ 7，阅览日：2011 年 2 月 12 日。

业务，向到访日本的外国研究者、海外学术振兴机关以及驻日的外国大使馆等分发。

另一种方式是，任何人都可以请求学术振兴会公开其保有的法人文书。① 而学术振兴会为了有助于能够公正且顺利地运行该法人文书公开制度，应妥善地管理法人文书。② 学术振兴会为了能够顺利地实施法人文书公开制度并为该制度的利用者提供便利，在其总务部企划课设置了名为"信息公开室"的窗口③。并由该窗口接待有关信息公开的咨询以及进行相关的介绍。④ 任何人都可以请求公开学术振兴会保有的法人文书，但并非所有公开请求都会得到允许公开的决定。出于保护个人隐私权、最大化实现信息公开的实际意义等诸多方面因素的影响，学术振兴会的信息公开只能在一定的范围内进行。

另外，还有全部公开与部分公开的方式划分。至于全部公开，即将公开请求权人申请公开的法人文书的全部内容都以适当的方法向其进行公开，而部分公开即是由于被请求公开的法人文书包含有不适宜公开的内容，抑或其全部公开对于请求权人并不具有实际的意义，因此在识别出不公开内容并将其去除的情况下，向权利请求权人所进行的部分内容公开，即为部分公开。当然，剔除不公开内容的方法需要具有一定的可行性。

（二）信息公开方法

至于信息公开的方法，相关法律规定了原文公开与复印件公开相结合的方法，根据《公开信息法》第 15 条规定：法人文书公开，以阅览或图画的方式进行，但以阅览方式公开有可能对法人文书保存有障碍或有正当理由时，亦可交付复印件。对于电磁记录则应充分顾及其特性及信息发展变化的现实，确定合宜的公开方法。例如对于文件或者图画一般以阅览原件或复印件的方式进行，对于电影胶片，主要以用专用机器放映该电影胶片的方式进行视听或者以交付复制了该电影胶片的卡式录

---

① 见《信息公开法》第 3 条。

② 见《信息公开法》第 23 条。

③ 所在地：东京都千代田区 1 町 6 番地、1 番町事务室 1 楼，http://www.jsps.go.jp/j-outline/koukai/index.html，阅览日：2011 年 2 月 13 日。

④ 《信息保护处理要点》第四－1－（1）。

像带的方式进行……①

五　信息公开的实施

学术振兴会信息公开义务的承担是要履行一定的程序的，此程序由权利人信息公开请求的提出以及学术振兴会信息公开义务的实施组合而成。

（一）公开请求程序

公开请求者必须向学术振兴会提交有下列记载内容的信心公开请求书：（1）公开请求者的姓名或名称以及地址或居所，如果公开请求者是法人以及其他团体时，则应载有其代表人的姓名；（2）法人文书的名称或者其他足够特定出法人文书的相关信息等。② 公开请求书的受理在学术振兴会信息公开室进行。③

受理公开请求书后，为了能够确定出请求公开的特定法人文书，信息公开室要与公开请求者以及主管课④进行信息交流⑤，并在主管课协助下由信息公开室确认公开请求书上的记载内容。⑥ 如果信息公开室发现有必要事项没有被记载时，应要求公开请求者进行补正，并提供必要的信息⑦。而主管课在信息公开室进行公开请求书记载事项的确认时，也必须向其提供必要的信息。⑧ 信息公开室在确认完公开请求书的记载事项、收取了手续费，并确定了受理日后，要将该公开请求书的复印件交付主管课。⑨ 但是，如果请求公开的法人文书并非学术振兴会而是由其他行政机关或独立行政法人作成时，学术振兴会可以把该公开请求移

---

①　《信息公开处理要点》第 5 条。

②　见《信息公开法》第 4 条。

③　《信息保护处理要点》第四 –1 –（2）–ア。

④　主管课是指，以请求公开的法人文书内容为事项，学术振兴会中主管该事项的课［要点第二 –（2）］。

⑤　《信息保护处理要点》第四 –1 –（2）–イ。

⑥　《信息保护处理要点》第四 –1 –（2）–ウ。

⑦　见《信息公开法》第 4 条第 2 项、《信息保护处理要点》第四 –1 –（2）–エ。

⑧　见《信息公开法》第 4 条第 2 项、《信息保护处理要点》第四 –2 –（1）。

⑨　《信息保护处理要点》第四 –1 –（2）–カ、第四 –1 –（3）–ア。

交给该行政机关的主管官员或独立行政法人。①

　　主管课在公开请求书受理后，要迅速确定出请求公开的特定法人文书的名称以及内容，如果能确定是其主管的法人文书但不能确认出特定法人文书时，应在信息公开室的协助下，向公开请求者询问相关信息。② 在特定出法人文书后，主管课必须立即研讨该法人文书上是否有不公开信息③，如果存在第三者④信息，主管课有必要与信息公开室进行联系⑤，信息公开室则要采取必要的措施⑥通知该第三者，以给予其提出意见的机会。⑦ 特别是因公益上的理由进行公开时，学术振兴会则有义务给予第三者提交意见的机会。⑧ 此后，主管课可以就是否进行公开决定向联络会议⑨进行咨询。⑩

　　联络会议应自接到公开申请起30日之内，对请求公开的法人文书的全部或一部分作出公开决定或者不公开决定，信息公开室则必须以书面形式向公开请求者通知该决定的内容。⑪ 但是，如果学术振兴会有事务处理上的困难以及其他正当理由时，可以以30日为限延长决定是否公开的期间。此时，信息公开室必须以书面的形式迅速向公开请求者通知延长后的期间以及延长理由。⑫ 如果因为请求公开的法人文书数量巨大，自公开请求之日起60日以内，对其全部进行公开决定有可能给业务执行带来巨大的障碍时，独立行政法人等可以在请求公开的法人文书中，对相应的部分在该期间内做公开决定等，而对剩余的部分可以在相

---

① 见《信息公开法》第12条。

② 见《信息公开法》第四－2－（2）－ア。

③ 《信息保护处理要点》第四－2－（2）－イ。

④ 这里的第三者是指请求公开的法人文书上，记载了有关国家、独立行政法人等、地方公共团体、地方独立行政法人以及公开请求者以外者。

⑤ 《信息保护处理要点》第四－2－（2）－ウ。

⑥ 要点第四－1－（4）根据不同情况分别规定了任意意见听取、必要意见听取、向第三者通知公开决定三种方式。

⑦ 《信息保护处理要点》第四－1－（4）。

⑧ 见《信息公开法》第14条第1项。

⑨ 联络会议是独立行政法人日本学术振兴会信息公开联络会议的略称，是指为了顺利地运作信息公开制度，而在学术振兴会内部设置的进行联络等事项的会议。

⑩ 《信息保护处理要点》第四－2－（2）－エ。

⑪ 联络会主义的日常事务由总务部企划课处理。见《信息公开法》第9条、第10条，《信息保护处理要点》第四－1－（6）。

⑫ 见《信息公开法》第10条第1项、《信息保护处理要点》第四－1－（5）。

当的期间内作出公开决定①。

此外，当第三者提交了意见书反对公开该信息的时候，学术振兴会在做公开决定时，必须将公开决定日与公开实施日之间间隔至少 2 周的时间。而且，学术振兴会在作出公开决定后，必须立即对提交该意见书的第三者，以书面的形式通知公开决定的内容、理由以及公开的实施日。②

公开请求权人必须向学术振兴会缴纳一定数量的手续费，但是对能够被学术振兴会认定为因经济困难而没有缴纳公开实施手续财力的公开请求人，在其向学术振兴会提交充足的理由说明书之后，学术振兴会可以决定对请求信息公开的费用进行减免，除此之外，学术振兴会在认定通过一定的公开实施方法让决定公开的法人文书向一般公众公开并无不妥时，亦可进行费用的减免③。

（二）公开的实施

公开请求者在接到公开决定通知后，如果没有正当的理由必须在自公开决定通知之日起 30 日以内，向学术振兴会信息公开室提交公开实施申请书。④ 当学术振兴会决定对其进行法人文书的全部公开、部分公开或者拒绝公开时，学术振兴会必须以书面形式向权利请求人进行相关事项的通知⑤。而且请求公开的法人文书是由其他独立行政法人等作出时，以及对其他的独立行政法人的公开决定有正当理由时，独立行政法人与该其他独立行政法人协商后，可以将该事案移送至该其他独立行政法人。在此情况下，进行移送的独立行政法人，以书面形式向公开请求者通知事案移送的宗旨，在此情况下，进行移送的独立行政法人等移送前的行为，应被视作接受移送的独立行政法人的行为，进行移送的独立行政法人，必须对该公开的实施给予必要的协助⑥。请求公开的法人文书上，记载了有关国家、独立行政法人等、地方公共团体、地方独立行政法人以及公开请求者以外者的信息时，独立行政法人等进行公开决定

---

① 《信息公开法》第 11 条。
② 见《信息公开法》第 14 条第 3 项。
③ 《信息公开处理要点》第 7 条。
④ 见《信息公开法》第 15 条第 3 项、第 4 项，《信息保护处理要点》第四 – 1 – （7）。
⑤ 《信息公开法》第 9 条。
⑥ 《信息公开法》第 12 条。

的时候，可以对与该信息有关的第三者通知请求公开的法人文书的表明以及其他政令规定的事项，并给予其提交意见书的机会①。

根据《信息公开法》第15条第1项的规定，学术振兴会进行法人文书的公开时，对文书或图画类法人文书，一般采用阅览或者交付该文书或图画复印件的方法，但是，如果学术振兴会认定以阅览的方法进行法人文书公开，有可能会对该法人文书的保存带来障碍或者有其他正当的理由的时候，也可以采用交付法人文书复印件的方式进行公开。而对于电磁记录类的法人文书，学术振兴会则应在充分顾及其种类以及信息化发展状况等情况，根据学术振兴会规定的方法进行公开。② 为了能够明确各种类型法人文书的公开实施方法，学术振兴会在《信息保护处理要点》第5条上，不仅具体规定电磁记录类的法人文书的公开实施方法，还规定了除此以外其他几种类型法人文书的公开实施方法。

六　异议申诉

对公开决定、不公开决定或者有关公开请求的不作为行为有异议的关系人，可以向学术振兴会提起异议申诉。③ 该异议申诉的受理也是在学术振兴会信息公开室进行。如果该信息公开室在确认异议申诉书时，发现有必要事项没有被记载时，应要求异议申诉者进行补正。④

当学术振兴会接到了异议申诉时，应该向日本内阁府信息公开、个人信息保护审查会进行咨询。⑤ 同时还要向异议申诉人以及其他与该申诉有关者通知该咨询的内容。⑥ 主管课接到信息公开、个人信息保护审查会的答复后，在尊重该答复的基础上进行研讨，并向联络会议进行咨询⑦，并由信息公开室通知异议申诉者，有关该异议申诉的决定。⑧

---

① 《信息公开法》第14条。
② 见《信息公开法》第15条第2项。
③ 见《信息公开法》第18条第1项。
④ 《信息保护处理要点》第九-1。
⑤ 见《信息公开法》第18条第2项。
⑥ 见《信息公开法》第19条。
⑦ 《信息保护处理要点》第九-1-（5）。
⑧ 《信息保护处理要点》第九-1-（6）。

另外，根据《独立行政法人日本学术振兴会个人信息保护事务处理要点》第5条，如果公开请求文书上，记载了国家、独立行政法人等、地方公共团体以及公开请求者以外的人的信息，个人信息保护室在接到主管课的联络时，需要采取任意的意见听取[①]、必要的意见听取[②]，以及向该第三者通知该公开决定以及其理由等。[③]

七　权利协调与保护

学术振兴会信息公开制度除了主体确定、标准明确以及程序严密等特点之外，另外一个突出特点即在于其有着相对比较完善的权利协调与保护制度。具体地讲，学术振兴会信息公开制度不仅能使学术振兴会很好地承担其信息公开义务，以充分实现国民的知情权，与此同时，学术振兴会信息公开制度亦注意国民的知情权与个人信息保护以及社会公益之间的协调与保护。

（一）国民的知情权

知情权，在日本常表述为"知的权利"。受美国的影响，1948年日本新闻界在其所进行的新闻活动中，打出标语提出"所有的自由从知情权开始！"开始最早使用"知情权"一词[④]。而一般认为知情权包括信息的受领权以及信息公开请求权。其中信息公开请求权即是和学术振兴会的信息公开义务紧密相关的，可以说学术振兴会信息公开义务是实现

---

①　在请求公开的保有个人信息上记载了第三者信息的情况下，进行公开决定时，在给予该第三者提出意见书的机会的时候，应根据保有个人信息公开请求意见照会书（样式第6号）进行，此时，也应根据保有个人信息公开决定意见书（样式第8号）征求意见。

②　请求公开的保有个人信息上，记载了作为不公开信息的第三者信息时，该信息因为【为了保护人命、健康等，能够认定有必要进行公开】或者【特别是在公益上有必要性，需要进行公开】而进行公开的时候，除了不能够判明第三者所在的情形外，必须对该第三者送交保有个人信息公开请求意见照会书（样式第7号），以此给予其提出意见的机会。此时，应通过保有个人信息公开决定意见书（样式第8号）征求其意见。

③　被给予意见书提交计划的第三者，提出表示反对公开该保有个人信息的意见书的时候，决定公开时，公开决定日与公开实施日之间必须至少间隔2周的时间。在此情况下，公开决定后，及时用公开决定通知书（样式第13号）向提出该意见书的第三者，通知该公开决定以及其理由等。

④　刘杰：《日本宪法上的知情权与信息公开法》，《太平洋学报》2007年第1期。

国民信息公开请求权的一种保障。

因此，日本为了实现独立行政法人对国民说明其业务内容的责任与义务，在 2001 年颁布了《公开信息法》，且学术振兴会于 2005 年制定了《独立行政法人日本学术振兴会信息公开事务处理要点》，并于同年制定了《独立行政法人日本学术振兴会个人信息保护事务处理要点》，进一步完善了其信息公开体制。

（二）社会公益的保护

按照相关法律的规定，当需要公开的法人文书内容涉及社会公益时，学术振兴会信息公开义务的承担就要比不涉及此等情况时更显特殊。一方面，基于法律的规定，学术振兴会须承担其信息公开义务以保障国民知情权的实现，但是又要协调与个人隐私权保护之间的关系。因此，学术振兴会在承担信息公开义务的时候，对于符合特定标准的个人与法人信息是不予公开的，即此时要按情况的不同进行部分公开或者作出拒绝公开的决定。但是，如此简单划一的处置方法并不总是适合的，因为被简单地作出不予公开的决定而在法人文书中去除的内容，在一定的情况下会涉及社会公共利益，此时就要考虑学术振兴会信息公开义务、个人权益保护与社会公益之间的协调问题。

按照《公开独立行政法人等保有信息的法律》第五条的规定，如果被申请公开的法人文书中包含有个人信息，通过该信息中的姓名、出生年月日以及其他记述能够识别特定的个人的信息（包括通过与其他信息的对照，能够识别特定的个人的信息），或者虽然不能够识别特定的个人，但是公开可能会侵害个人的权利利益的信息；有关法人的一经公开即可能损害法人相关权利的信息；国家机关、独立行政法人等、地方公共团体或者地方独立行政法人等进行的事务或者事业上的信息，一经公开即可能危害国家安全、损害与他国或者国际机关之间的信赖关系，或者有对预防、镇压或搜查犯罪以及其他公共安全与秩序维持带来障碍的可能性等信息是不得公开的。但是出于公益上为了保护人的生命、健康、生活或财产的需要，此等信息是需要进行公开或者裁量公开的除外。

（三）个人信息保护

学术振兴会信息公开义务的承担，会在一定程度上产生国民的知情权与个人隐私权之间的矛盾与冲突的现象。因此要在这两种权利之间进行很好的协调，就必须进一步完善信息公开制度。按照《公开独立行政法人等保有信息的法律》的规定，在不涉及更高层次之法益保护的情况下，当被申请的法人文书中包含有特定的个人信息（例如个人的姓名、住所、电话号码等），或者虽不包含有特定的个人信息，但是通过相关信息亦能识别出特定个人的，出于对个人权利的保护，此等信息是不得进行公开的。而是需要将此部分信息进行识别，并在能够轻易去除的情况下才能向权利请求人进行公开。如果去除此部分信息后的法人文书对于申请人并无实际意义时，学术振兴会也可以向其作出拒绝公开的决定。更加值得注意的是，即使是个人信息的本人申请此等法人文书公开时，亦采取同一标准。

另外，按照《公开信息法》第十四条的规定，如果被请求公开的法人文书上，记载了有关国家、独立行政法人等、地方公共团体、地方独立行政法人以及公开请求者以外者的信息时，独立行政法人等进行公开决定的时候，可以对与该信息有关的第三者通知有关事项，并给予其提交意见书的机会。与此同时，为了更好地贯彻这一原则，还颁布有《独立行政法人日本学术振兴会个人信息保护事务处理要点》，由其规定更加具体的内容，这些规定不仅包括有具体的负责部门，而且针对每个部门的职责及其各自负责的具体业务都有详细的规定。按照《处理要点》的规定，由学术振兴会的个人信息保护室①、主管课②以及学术振兴会个人信息保护联络会议③具体负责个人信息的保护方面的工作。

---

① 个人信息保护室是为了个人信息制度的顺利地推进以及为该制度的利用者的谋求便利，在总务部企划课设立的窗口。

② 主管课是主管被请求公开、请求订正以及利用停止的保有个人文书的内容的事案的课。

③ 独立行政法人日本学术振兴会个人信息保护联络会议是为了有助于个人信息保护制度的顺利运用而设立在振兴会内的进行联络等的会议。

结　语

改革开放以来，随着经济连年高速发展，我国经济实力大幅提升，在世界经济中已经占有相当重要的比重，而现代经济，无论在其发展的任何时期，科技的作用都异常突出。当前和今后相当长的时期，先进的科技都是保证我国持续快速发展的关键性力量。目前我国正在把经济模式由劳动密集型向科技密集型转换，恰恰是彰显科技作用的时期。对于科技事业的发展，发达国家的成功经验是在制定有效的科技发展战略的前提下，对科学研究和人才培养等提供强有力的资金支持，而这种资金支持不但体现在根据国力提高不断在数量上加大投入，也需要建立健全科学、合理的资助制度，以实现科研资金的合理配置与效用的最大化。我国从自然科学研究的角度，已经建立了以《自然科学基金条例》为代表的基本科研资助法律制度，也包括一些散见的配套法规，为我国的科学资助事业奠定了有力的基础。但是，在各国的有关实践中，日本学术振兴会的法律制度经历了近 80 年的发展，其法律体系之完备、制度设计之合理、法律规范之具体，有太多可供我们借鉴的地方。就目前的中国的大陆而言，对于这个强邻的日本学术振兴会之下的一系列法律制度，能够看到的仅仅是《独立行政法人日本学术振兴会法》等有限的译文文献。本书的研究，全面地介绍了日本学术振兴会的各种法律制度，以弥补日本学术振兴会法律制度在理论上，甚至资料上的不足。

总的来讲，该研究重视学术振兴会的各种制度其自身的规定和相关规定的关系，探讨科研资助法律制度在整个法律体系中的地位，以明确科研资助法律制度是以学术振兴会这样的核心资助机构自身的法律制度，和上至宪法、政令（行政法规）、省府令（部门规章），下至操作要领、规程、科研工作者的自律规范，以及具体管理层面的一些格式性文件等共同构成的有机整体。因此，我国相关制度的完善仍有相当大的空间。日本学术振兴会法律制度表现出来的多层次渊源的配合给我们的有益提示是，科研资助制度按照立法的规律，不是完全依靠国家权力机关制定的法律（主要原因是立法资源的有限性和法律稳定性所要求的立法修法程序的过于严格），我们完善我国的科研资助制度可以把目光投向更广泛的制度资源。另外，该研究通过对日本学术振兴会现行制度作类型化研究，介绍其具体法律制度的构成、条款设计、功能和预期的效果，从中看出每类制度的内在逻辑，以及法律规范的科学性和合理性，为改进我国的相关法律的立法方法，提高法律的效能，构建我国科学资助法律制度，提供一个基本理论和制度形式的参考。具体而言，可以从学术振兴会的具体法律制度加以总结。

第一，学术振兴会组织机构和业务运行法律制度。该部分首先以《独立行政法人日本学术振兴会法》作为基本法，规定了日本学术振兴会的性质、目的、机构设置、业务范围等基本法律制度。而《独立行政法人通则法》是《独立行政法人日本学术振兴会法》的上位法，学术振兴会的性质、人员任免、任职年限等问题都只直接依据这部法的规定；而日本学术振兴会的组成人员的任职资格、奖惩规则和措施等则按照《国家公务员法》的相关规定执行。另有《文部科学省设置法》规定学术振兴活动由文部科学省管理，明确了学术振兴会与文部科学省的关系，所以，像《独立行政法人日本学术振兴会法》规定日本学术振兴会的理事长解任评议员必须经文部科学省大臣同意，制度根据即源于此。除相关法律渊源的关系，更重要的是研究日本学术振兴会组织管理法律制度的具体内容。通过该部分的研究，日本学术振兴会组织法方面的合理性，包括与相关法的有机关系就很清晰地展现在我们面前。至于日本学术振兴会内部管理及业务运行的机制，我们已在相关部分做了详细介绍，此不赘言。

第二，学术振兴会资助法律制度。这部分法律制度是本书重点研究的内容。它从两个大的方面规定了具体资助制度。一是从实体上规定资助对象，既有正面的资助类型的规定，更重要的是从反面规定了十几种不予资助的情形。反面规定的情形主要是指违反资助条件的表现。如此规定，警示意义突出，管理机关也可以明确掌握。除此之外还规定有避免不合理重复和过度集中等方面的内容，对这些我国的现行规定还没有达到如此清晰的程度。实体规定还包含资助金种类、资助期限、资助项目的变更、废止等。二是程序方面它包括了与我国对应的申请与受理、评审与决定、实施与管理三个阶段。除了规定全面、完整，像被资助者的责任、研究机构对资助经费的管理、直接经费的使用、不能变更的事项、资助项目的废除、所属研究机构的变更、产假研究的中断、经费的转让、经费的返还、间接经费的增加、业绩报告、研究成果的发表、生命伦理、安全对象的确保等，是通过年度经费使用细则［如"学振研究者使用ルール（補助条件）（平成22年度）"］这样一个低位阶法律来规范的，这样就很好地照顾了法律制度的稳定性和可操作性的冲突。对项目的实施和管理，日本学术振兴会的制度中一个很大的特色是行政责任、刑事责任规定明确，这对我国如何建立科研资助过程中的违法行为的责任体系，以及具体责任规范都有积极参考意义。

第三，日本学术振兴会项目评价法律制度。此项制度的目的是为了奖励及培养优秀的研究者和先进的研究开发，营造竞争性的开放型研发环境，帮助研究者完善研究措施，以及实现资源的有效分配和扩大新研究开发项目等。它包括了研究开发措施的评价和研究开发课题的评价。围绕上述总的目的，该制度对每一种评价对象都规定有评价目的、评价者的选任、评价的实施、评价的方法、评价结果的落实等全面具体的制度。值得注意的是，这种评价的意义本应是积极的，但运用不好会对科研工作造成妨害，所以，学术振兴会的项目评价特别注意避免对被评价者产生过重的负担。比如，对萌芽期研究、较小规模研究等，除认为特别必要可以用提交实施报告书代替评价。这种透着人文精神的制度安排非常值得我们学习。

第四，日本学术振兴会学术不端规制法律制度。学术不端行为既是世界学术界的恶疾，也是目前中国学界尤为突出的遏制难题，不对其加以很好的控制，会极大妨碍科学事业的发展。相对而言，日本在这方面做的有很多值得借鉴的地方。日本学术振兴会的法律及其他相关法律的规定中，有一套严密的规制制度，从学术不端行为的定义，到对学术不端行为的举报、调查、处理，极尽翔实。比如，就学术不端行为的举报程序，规定举报受理机关为研究机构（受托单位）和资金划拨机关，并由这两类机关实施调查；调查分为预备调查和正式调查，然后才予以认定；对调查结果要向举报人、被举报人、资金划拨机关通知，资金划拨机关要向文部科学省报告；对调查结果的异议申请，以及调查结果的公开披露，等等。这些，都会为丰富我国相关制度提供思路。

日本规制学术不端行为还有一个亮点就是组建日本学术会议，制定科学工作者行为规范。这等于所有科学工作者签订的一个共同契约。此类规范在处理学术不端行为时具有法律渊源的意义，类同于商法中的商事自治规则。它的优点在于能够反映行业特点和行业者的意思自治，是对制定法的有益补充，这对我们建立完备的学术不端规制制度是个很好的启迪。

第五，日本学术振兴会科学伦理法律制度。科学伦理，或者科学道德问题一直与近现代科技进步相伴相随。科研活动的创新、突破必须在一定的范围内进行，即科技创新活动应遵循人与社会、人与自然和人与人关系的思想与行为准则，这些准则就是科学伦理。它应该规定科技工作者及其共同体应恪守的价值观念、社会责任和行为规范。在学术振兴会的法律制度中，有大量的规范科学伦理的规定存在，这里包括了克隆技术、遗传基因转化、染色体分析、动物实验等可能出现科学伦理问题的当代研究。因为这类问题专业领域不同，涉及违反科研伦理的认定需要不同的专业标准，处罚措施也要根据对人类发展的不同影响区别对待。因此，日本采取分别立法的方式加以规制，并且规范极其详尽。相对而言，我国在这些方面，或者规定过于粗放，或者有些领域法律规定依然空白，需要积极向日本学习。也是因为篇幅所限，像生态伦理、新材料伦理、信息伦理、军事伦理等与科学伦理相关的问题只能留待下一步的研究。我们进一步要研究解决的问题是全面研究介绍日本的现有制度，并争取抽象出这些规定中共同性的东西，另立通则式规定，为我们制定出更先进的科学伦理法律制度做一些基础性的工作。

第六，日本学术振兴会信息公开法律制度。目前，世界范围内行政事务公开、透明，是现代政治文明的重要表现。日本学术振兴会从性质上是一个独立行政法人，学术振兴会的科研资助管理活动有义务在一定范围内公开。学术振兴会关于信息公开的法律是从 2001 年作为信息公开基本法的《关于公开独立行政法人等保有信息的法律》的颁行开始的，随后陆续就信息公开的标准、信息公开联络会议，以及信息公开中的个人信息保护等问题制定了相应的法律制度，规定了信息公开的原则、标准、程序等一系列问题。

日本学术振兴会信息公开法律制度的特点是标准明确，具体规定了对信息公开的一般性与具体性的判断标准，界定了哪些信息是不予公开的，哪些信息是需要裁量公开的，一般之中又有哪些例外的情形。还规定了在决定公开时，是采取全部还是部分公开的方式的判断标准。这些本身即是信息公开的应有之义。另外，学术振兴会的信息公开，有可能损害相关个人和法人的信息保护，学术振兴会在这方面也规定了相应的制度，使学术振兴会的信息公开制度更完整、更科学，这也是我们在建立和完善相关制度时应给予充分考虑的。

除以上制度，与日本学术振兴会相关的法律制度还有很多，某种角度讲，本书所完成的只是一个面上的工作。在今后的实际研究中，我们会就日本学术振兴会某一方面的法律制度做深入研究，为全面建立我国的科学资助制度贡献我们的智慧。

参考文献

一　日本法规（仅列部分）

1. "独立行政法人日本学術振興会法"，2002 年（平成 14 年）12 月 13 日，法律第 159 号。

2. "独立行政法人通則法"，1999 年（平成 11 年）7 月 16 日，法律第 96 号。

3. "文部科学省設置法"，1949 年（昭和 24 年）5 月 31 日，法律 146 号；最終改正：2012 年（平成 24 年）8 月 22 日法律第 67 号。

4. "独立行政法人日本学術振興会に関する省令"2003 年（平成 15 年），文部科学省令第 48 号。

5. "国家公務員法"，1947 年（昭和 22 年）10 月 21 日，法律第 120 号。

6. "競争的研究資金制度改革について（意見)"，2001 年（平成 13 年）12 月 25 日。

7. "独立行政法人日本学術振興会業務方法書"，2003 年（平成 15 年）10 月 1 日規程第 1 号。2007 年（平成 19 年）3 月 30 日規程第 4 号，2009 年（平成 21 年）11 月 25 日規程第 18 号両次修正。

8 "補助金等に係る予算の執行の適正化に関する法律"，1955 年（昭和 30 年）8 月 27 日，法律第 179 号。

9. "科学研究費補助金取扱規程"，1965 年（昭和 40 年）3 月 30 日頒布，2003 年（平成 15 年）9 月 12 日，文部科学省告示第 149 号令最新修改。

10. "独立行政法人日本学術振興会科学研究費助成事業（学術研究助成基金助成金）取扱要領", 2011 年（平成 23 年）4 月 28 日，規程第 19 号。

11. "科学研究費補助金取扱規程", 1965 年（昭和 40 年）3 月 30 日，文部省告示第 110 号。

12. "学振研究者使用ルール（補助条件）（平成 22 年度）", 2010 年。

13. "科学研究費助成事業（学術研究助成基金助成金）研究者使用ルール（交付条件）（予定）", 2011 年（平成 23 年）度。

14. "独立行政法人日本学術振興会科学研究費助成事業（科学研究費補助金）取扱要領", 2003 年（平成 15 年）10 月 7 日，規程第 17 号。

15. "文部科学省における研究及び開発に関する評価指針", 2009 年（平成 21 年）2 月 17 日。

16 "科学者の行動規範について", 2006 年（平成 18 年）10 月 3 日制定頒布，2013 年（平成 25 年）1 月 25 日修訂 。

17 "科学者の自律的行動を徹底するために", 2006 年（平成 18 年）4 月 11 日制定頒布。

18. "研究活動の不正行為への対応のガイドラインについて－", 2006 年（平成 18 年）8 月 8 日，研究活動の不正行為 に関する特別委員会報告書。

19. "研究費の不正対策検討会の報告書", 2006 年（平成 18 年）12 月 26 日，研究費の不正対策検討会。

20. "研究機関における公的研究費の管理・監査のガイドライン（実施基準）", 2007 年（平成 19 年）2 月 15 日，文部科学大臣決定。

21. "研究活動の不正行為への対応に関する科学研究費補助金における運用方針", 2007 年（平成 19 年）4 月 1 日。

22. "研究活動の不正行為への対応に関する規程", 2008 年（平成 20 年），規程第 3 号。

23. "競争的資金等の不正使用等への対応に関する規程", 2008 年（平成 20 年），規程第 3 号。

24. "ヒト ES 細胞の樹立及び使用に関する指針", 2007 年（平成 19

年) 5 月 23 日, 文部科学省告示第 87 号。

25. "遺伝子組換え生物等の使用等の規制による生物多様性の確保に関する法律（いわゆるカルタヘナ法）", 2007 年（平成 19 年）3 月 30 日, 法律第 8 号。

26. "ヒトに関するクローン技術等の規制に関する法律", 2000 年（平成 12 年）12 月 6 日, 法律第 146 号。

27. "ヒトゲノム・遺伝子解析研究に関する倫理指針", 2001 年（平成 13 年）3 月 29 日。

28. "特定胚の取扱いに関する指針", 2001 年（平成 13 年）12 月 5 日, 文部科学省告示第 173 号。

29. "独立行政法人等の保有する情報の公開に関する法律", 2001 年（平成 13 年）12 月 5 日, 法律第 140 号。

30. "独立行政法人等の保有する個人情報の保護に関する法律", 2003 年（平成 15 年）5 月 30 日, 法律第 59 号。

31. "独立行政法人日本学術振興会における情報公開に係る事務処理要項", 2003 年（平成 15 年）10 月 1 日, 理事長裁定。

32. "独立行政法人日本学術振興会における個人情報保護に係る事務処理要項", 2005 年（平成 17 年）4 月 1 日, 理事長裁定。

二 其他文献

1.《国家自然科学基金条例》。

2.《国家自然科学基金管理办法》。

3.《国家自然科学基金财务管理办法》。

4.《国家自然科学基金青年科学基金项目管理办法》。

5.《国家自然科学基金项目资助经费管理办法》。

6. 文剑英:《从社会与境视角看学术不端》,《自然辩证法研究》2010 年第 26 卷第 6 期。

7. 吴善超:《国家自然科学基金与科学道德学风问题》,《中国科学基金》2003 年第 2 期。

8. 奥尔托加·加塞特:《大学的使命》, 徐小洲、陈军译, 浙江教育出版社 2001 年版。